Andreas Golinski

Dresden zum Weitererzählen

von Kaffeefiltern, Drachenbooten
und verbogenen Hufeisen

Bibliografische Information der Deutschen Nationalbibliothek.

Die Deutsche Nationalbibliothek verzeichnet diese Publikation in der Deutschen Nationalbibliografie; detaillierte bibliografische Daten sind im Internet über http://dnb.d-nb.de abrufbar.

© 2009 Andreas Golinski

Fotos: Andreas Golinski

Weitere Informationen unter: www.andreas-golinski.de

Herstellung und Verlag: Books on Demand GmbH, Norderstedt

ISBN 13: 978-3-8370-5060-8

Information der Deutschen Nationalbibliothek.

Nationalbibliothek verzeichnet diese Publikation in der ationalbibliografie; detaillierte bibliografische Daten sind über http://dnb.d-nb.de abrufbar.

© 2009 Andreas Golinski

Fotos: Andreas Golinski

Weitere Informationen unter: www.andreas-golinski.de

Herstellung und Verlag: Books on Demand GmbH, Norderstedt

ISBN 13: 978-3-8370-5060-8

Inhalt

Seite

	Vorwort	7
1	Ach, Sie sind aus Dresden?	9
2	Yes we can !	13
3	Einen Riecher für das Schöne	19
4	Praktische Erfindungen	25
5	Alles nur ein „-witz"	31
6	Die Dicke und die Dünne	37
7	Bunte Republik	45
8	Dresden ahoi	51
9	Ode an die Gustel	57
10	Ein Hauch von Orient	65
11	Darf ich bitten?	71
12	Tal der Ahnungslosen	77
13	Speckgürtel	83
14	Alles in Butter	91
15	Große und kleine Bretter	97
16	Sport frei	103

17	Ampelman(n)zipation	107
18	Ein toller „Hecht"	113
19	Do you speak „Sächsisch"?	119
20	Gesundheit!	125
21	Man sieht sich immer zweimal	131

Demnächst rechts abbiegen 135

Vorwort

Dresden ist eine spannende Stadt mit vielen kleinen Geschichten, von denen ich Ihnen auf den folgenden Seiten gern einige erzählen möchte.

Wie das bei Geschichten so ist, kennt und erzählt sie jeder ein bisschen anders, eben auf eine ganz persönliche Art. Sollte sich also die eine oder andere kleine Abweichung oder Ungenauigkeit eingeschlichen haben, bitte ich dafür um Nachsicht.

Das vorliegende Buch erhebt keinesfalls den Anspruch auf die Vollständigkeit oder Detailgenauigkeit eines historischen Nachschlagewerkes. Vielmehr möchte ich Ihnen auf unterhaltsame Weise meine großartige Heimatstadt näherbringen.

Viel Spaß beim Lesen und Weitererzählen!

Ach, Sie sind aus Dresden?

Geschafft! Noch etwas außer Atem, lasse ich mich auf meinen Sitz fallen, während der Zug sich langsam aus dem Bahnhof quält. Der Rucksack landet im Gepäcknetz, und ich mache es mir mit einem Buch am Fenster bequem. Ich freue mich, das ganze Abteil für mich allein zu haben, und auf ruhige zwei Stunden Zugfahrt, aber nicht lange.

„Quietsch, Quietsch..!" Vom Gang her melden sich die schlecht geölten Räder einer riesigen Reisetasche, die eine kleine ältere Dame mit rotem Filzhut vor sich herschiebt. „Sie geht vorbei – sie geht nicht vorbei – sie geht vorbei ……" Sie geht natürlich nicht vorbei. „Rums" – fliegt die Abteiltür auf. "Guten Tag junger Mann, wenn Sie so nett wären…" Zwei kleine Äuglein blinzeln mich durch dicke Brillengläser erwartungsvoll an. Ich bin so nett. Während sich meine Wirbelsäule fragt, ob die Reisetasche mit Blei gefüllt ist, macht es sich die Dame bequem – natürlich mir gegenüber. Irgendwie habe ich es schließlich geschafft, das Taschenmonster in die Gepäckablage zu hieven und falle zum zweiten Mal in meinen Sitz. Kurze Zeit später habe ich mich hinter meinem Buch verschanzt, denn meine Mitfahrerin äugt bereits neugierig herüber. Ich weiß, dass so etwas immer auf ein längeres Gespräch hinausläuft, und darauf habe ich im Moment keine große Lust.

Doch bald schon bietet sich der Dame eine gute Gelegenheit zur Kontaktaufnahme durch die Person des Schaffners. „Guten Tag, die Fahrkarten bitte. – Danke! Gute Fahrt und vergessen Sie nicht in Dresden Hauptbahnhof auszusteigen, am Bahnhof Dresden Neustadt wird derzeit gebaut. Schönen Tag noch!" „Rums" – die

Abteiltür fliegt zu und Rotkäppchen sieht ihre Gelegenheit gekommen.

„Ach, Sie sind aus Dresden?" O.K., es gibt also kein Entrinnen. Vorbei ist es mit der gemütlichen Lesereise. „Ja, bin ich", bringe ich so freundlich wie möglich heraus. „Ach ja – was für eine wunderschöne Stadt. Ich war mal vor vielen Jahren dort, noch vor dem Krieg. Das ist schon so lange her. Wo ist die Zeit nur geblieben?" Sie kramt in ihrer Handtasche, als könnte sie die Zeit dort finden. „Damals hatte ich nur einen Tag, mir die Stadt anzuschauen – leider. Dieses Mal bleibe ich länger. Und Sie stammen von da?" Ich lege mein Buch beiseite und erzähle, dass ich in der Nähe von Dresden geboren bin und seit ein paar Jahren in der sächsischen Landesmetropole wohne und arbeite. „Das ist schön – Dresden hat ja ein ganz eigenes Flair. Was würden Sie mir empfehlen? Was müsste ich mir unbedingt anschauen?" Ich muss lächeln. Gewöhnlich frage ich beruflich Leute aus und jetzt werde ich interviewt. Aber warum nicht? Zum Lesen komme ich sowieso nicht mehr.

Also fange ich an: „Nun, sehenswert sind natürlich der Zwinger, die Frauenkirche, das Schloss, die Hofkirche ….." „Junger Mann", unterbricht mich Rotkäppchen, „die gängigen Sehenswürdigkeiten kenne ich auch, die werden ja immer wieder auch im Fernsehen gezeigt. Mich interessieren die Geschichten drum herum, Orte, die nicht nur im historischen Stadtzentrum liegen." Verblüfft schaue ich die Dame an und muss dabei wohl ein ziemlich komisches Gesicht machen. „Als quasi Urdresdner kennen Sie doch sicher auch die interessanten Geschichten", lacht sie. Gute Frage! Ich muss ein wenig in meiner Erinnerung kramen und dann fallen mir tatsächlich eine Menge Dinge ein, die ich auch immer gern meinen Besuchern erzähle. So erfährt Rotkäppchen also, warum es unmöglich ist, Fahrkarten für den Dresdner Fürstenzug zu bekommen, was Kaffeefilter und Büstenhalter mit Dresden zu tun haben, warum Hufeisen ein Gradmesser männlicher Potenz sein können, wo Sie in Dresden ihr blaues Wunder erleben kann …

Plötzlich werde ich von einer Lautsprecherdurchsage unterbrochen. „Liebe Reisegäste! In wenigen Minuten erreichen wir Dresden Hauptbahnhof ….“ Erstaunt schaue ich auf meine Uhr. Tatsächlich! Die Zeit ist wie im Flug vergangen.

Ich helfe meiner Reisebegleitung samt Bleitasche aus dem Zug. „Vielen Dank, junger Mann, vor allem für die netten Geschichten! Ihre Heimatstadt ist mir jetzt richtig vertraut." Verschmitzt blinzeln die Äuglein durch das Brillenglas. „Übrigens - das sollten Sie unbedingt alles mal aufschreiben". Kurz darauf verschwindet sie „Quietsch, Quietsch, Quietsch…" in der Menschenmenge auf dem Bahnsteig. Ich schnappe mir meinen Rucksack und beeile mich, die nächste Straßenbahn noch zu erwischen. „Aufschreiben? – Hm – Na ja, warum eigentlich nicht?"

Yes we can !

Wenn Sie Dresden mit dem Auto besuchen, wird Ihnen gleich das beeindruckende Panorama auffallen, sobald Sie auf der Autobahn A4 von Südwesten her ins Elbtal eintauchen. Linkerhand schlängelt sich der Fluss durch das Weinanbaugebiet von Radebeul bis ins ferne Meißen – Sie wissen schon: wo das weltberühmte Porzellan mit den blauen Schwertern hergestellt wird, das sehr grazil und leicht ist und auch Ihren Geldbeutel um einiges erleichtert. Auf der rechten Seite grüßt vom anderen Elbufer der Dresdner Fernsehturm und dahinter die ersten Ausläufer des Elbsandsteingebirges. Bei gutem Wetter und klarer Sicht zeigen sich Ihnen sogar die ersten Berggipfel der Tschechischen Republik.

Mitten im Tal prangt das Dresdner Stadtzentrum – dort, wo sich die Türme von Hofkirche, Frauenkirche, Schloss und Rathaus ein Stelldichein geben. Viele Lobeshymnen sind auf die sächsische Residenz im Lauf der Zeit gesungen worden. „Elbflorenz" ist eine beliebte Bezeichnung, die der Stadt durchaus gerecht wird, zum einen wegen der umfangreichen Kulturschätze, zum anderen wegen der einmaligen Atmosphäre, die den Besucher umfängt. Kaum vorstellbar, dass hier einmal Sumpfgebiete die Landschaft beherrschten. Aber genau die gaben den ersten Siedlern und schließlich der Stadt ihren heutigen Namen. Die „*Drežďany*" (altsorbisch für Sumpfbewohner) sollen bereits in der Jungsteinzeit hier im Elbtal gesiedelt haben. Von „*Drežďany*" ist es schließlich nur noch ein kleiner linguistischer Sprung zu „Dresden". In der Sprache unserer tschechischen Nachbarn heißt die Stadt immer noch „*Dražďany*".

Nun – vom einstigen Sumpf ist in der Elbmetropole nichts geblieben. Zumindest in geologischer Hinsicht. Anders sieht es da gelegentlich in der politischen Dresdner Landschaft aus. Schlagzeilen machen immer wieder mal Meldungen von Sümpfen, in denen größere Geldsummen oder gar ganze Bürgermeister versinken. Ein Schelm, wer denkt, dass da etwas faul sein könnte.

Die heutigen „Sumpfbewohner" tun sich übrigens nicht leicht mit Entscheidungen, koste es, was es wolle. Unter dem Motto „Darüber lacht die ganze Bundesrepublik" können wir Dresdner uns beispielsweise endlos darüber streiten, ob eine gewisse Waldschlösschenbrücke gebaut wird oder nicht. Der Dresdner an sich kann manchmal ganz schön stur sein. Erst entscheidet er sich in einer Volksbefragung für den Bau der Elbüberquerung, dann gefährdet sie plötzlich den Lebensraum einer kleinen Fledermaus Namens „Hufeisennase", von deren Existenz die meisten bisher keine Ahnung hatten. Wir Dresdner sind ja so naturverbunden.

Wenn die Landeshauptstädter allerdings nach all den Diskussionen einmal eine Entscheidung getroffen haben, dann verteidigen sie sie vehement. So entbrannten einst heftige Diskussionen um den Bau des Dresdner St. Benno-Gymnasiums. Der Architekt des Münchner Olympiastadions hatte doch tatsächlich vor, diesen langen modernen blauen „Kasten" aus Beton und Glas mitten in unsere schöne Stadt zu setzten. Mittlerweile sind wir voller Stolz, solche zukunftsweisenden Bauprojekte vorweisen zu können. „Mir hamm ja nisch nur unsre baroggä Gulduhr, mir sinn ja ooch fordschriddlisch. Nisch wahr?" Der Dresdner braucht eben immer „ä bissl längor", um zu erkennen, was er eigentlich will.

Auch wenn es manchmal nicht den Anschein hat, sind die „Sumpfleute" im Elbtal clevere Individuen. Zwar unterstellen ihnen böse Zungen gelegentlich eine gewisse Naivität und Behäbigkeit, aber der Eindruck täuscht. Hinter dieser Tarnung verbirgt sich der Dresdner Schelm, der zu vielen Dingen seine ganz besondere Meinung hat. Hinzu kommt eine große Begeisterung für Kultur in allen Lebensbereichen. Die Dresdner haben ihre Stadt einfach lieb. Aber - sie sind auch neugierig auf andere und anderes und – sie können noch richtig staunen: „Nuh gugge ma – das iss dorr wie so ä bissl scheen!"

Verbunden mit dieser Neugier ist allerdings eine gewisse liebenswerte Neigung zur Schwatzhaftigkeit. Was gibt es auch Schöneres, als gemütlich bei einem Stück Kuchen und einer Tasse Kaffee auf der „Brühlschen Terrasse" an der Elbe zu sitzen und über die vorbeiflanierenden Touristen herzuziehen. Mann könnte fast sagen, dass der Kaffeeklatsch hierzulande erst kultiviert wurde. Schließlich ist dies ja auch eine Form der Weiterbildung und wissensdurstig sind die Dresdner allemal. Zu Vorwendezeiten als „Tal der Ahnungslosen" respektive „Westfernsehlosen" verkannt, waren und sind die Einheimischen alles andere als ahnungslos oder gar hinterwäldlerisch.

Das Elbtal hat sich mittlerweile sogar zum „Silicon Valley" Europas gemausert. Zahlreiche führende Unternehmen der Mikroelektronik wissen die Vorzüge des Standortes Dresden und seiner Bewohner zu schätzen und produzieren hier. Dass zum Beispiel der Prozessor Ihres Computers von hier stammt, ist gar nicht so unwahrscheinlich.

Zu den größten Exportschlagern der Stadt gehört aber unbestritten Dresdens kulturelle Vielfalt, ob in Baukunst, Musik, Theater oder Malerei. Dass in Dresden noch soviel historische Bausubstanz erhalten blieb, ist zum einen dem großen Engagement der Dresdner selbst zu verdanken, die nach der Zerstörung am 13. Februar 1945 beim Wiederaufbau des historischen Stadtzentrums selbst mit Hand anlegten.

Auf der anderen Seite war es wohl Ironie des Schicksaals, dass Dresdens Innenstadt von umfangreichen raumgreifenden Maßnahmen sozialistischer Stadtplanung verschont blieb. Während in anderen Städten der ehemaligen DDR ganze Teile eben dieser Planung zum Opfer fielen, fehlte für das Stiefkind im Süden der Republik schlichtweg das Geld. Zum Glück! Dieser Tatsache haben wir es zu verdanken, dass nach 1989 viele der historischen Bauten, wenn auch in schlechtem Zustand, noch da waren, wie beispielsweise das Dresdner Residenzschloss. Eine traurige Ausnahme bildete die älteste Dresdner Stadtkirche, die Sophienkirche - vor ihrer Zerstörung das einzige gotische Gotteshaus im sonst vorwiegend barocken Dresden. Den Wiederaufbau nach dem Luftangriff verhinderte der berüchtigte SED – Chef Walther Ulbricht bei einem seiner stadtplanerischen Spielchen. „Eine sozialistische Stadt braucht keine gotischen Kirchen, ja?" soll er damals in seinem oft belächelten sächsischen Singsang hervorgebracht haben.

Nun ja – Leute wie Ulbricht kommen und gehen. Was bleibt, ist die Begeisterung der „Sumpfbewohner" für ihr Tal und ihre Stadt, eine Begeisterung, die sie mit vielen ihrer Gäste teilen.

Einer der bisher prominentesten Gäste dürfte wohl US-Präsident Barack Obama gewesen sein, der im Juni 2009 der Stadt einen Besuch abstattete. Darauf waren und sind die Dresdner natürlich ganz besonders stolz, auch wenn sich Obamas Stippvisite gerade einmal auf 16 Stunden beschränkte und nur wenige Dresdner in den Genuss kamen, den mächtigsten Mann der Welt persönlich zu sehen.

Sein Wahlslogan „Yes we can" könnte ebenso gut aus dem Munde eines Dresdners stammen – wir haben eben ein gesundes Selbstbewusstsein.

Einen Riecher für das Schöne

Schon seit einigen Minuten steht ein junges Pärchen vor dem goldenen Reiterstandbild auf der Dresdner Hauptstraße. Während SIE geschäftig in ihrem Reiseführer blättert, um Näheres über die Identität dieses imposanten Herren hoch zu Ross herauszufinden, umschreitet ER sichtlich beeindruckt den Sockel der Skulptur.

„FRID. AVGVSTVS.I", entziffert der junge Mann. Für den Rest der Inschrift fehlt das kleine Latinum, oder es ist nicht mehr viel davon übrig. Wie dem auch sei, es muss sich auf jeden Fall um eine bedeutende Persönlichkeit handeln. Inzwischen ist seine Freundin fündig geworden. „Friedrich August der Erste, genannt August der Starke, seines Zeichens Kurfürst von Sachsen und später sogar König von Polen", weiß SIE zu berichten. Ihr Begleiter begutachtet mittlerweile die lange Nase des starken August. „Einen ganz schönen Zinken hat der Herr Kurfürst." „Naja", kichert SIE, „potent muss er ja gewesen sein. Hier steht, dass er 356 Nachkommen gezeugt haben soll." Während ER noch über den Zusammenhang zwischen Nasenlänge und Potenz grübelt, wollen wir das junge Pärchen allein lassen und uns etwas ausführlicher jener Person widmen, um die man in Dresden einfach nicht herumkommt.

Augustus war ein Spross des sächsischen Adelsgeschlechts der Wettiner, die Gebiete des heutigen Sachsens mehr als 800 Jahre regierten. Den beeindruckenden Stammbaum der Wettiner können Sie auf einem über einhundert Meter langen Wandbild aus Keramikfliesen in der Dresdner Altstadt bestaunen, dem „Fürstenzug". Es soll übrigens immer wieder vorkommen, dass Touristen sich erkundigen, wann denn hier der Fürstenzug fährt und wo man wohl Fahrkarten bekommt. Das kann Ihnen nun nicht mehr passieren. Neben Friedrich August I und seinem Sohn Friedrich August III finden sich auf dem Wandbild auch kuriose Namen, wie z. B. Friedrich der Gebissene. Über die Hintergründe dieser Titel gibt es verschiedene Theorien. Lauschen Sie doch einer der vielen Stadtführungen und Sie werden erstaunt sein, was Sie da erfahren.

Aber zurück zum starken August. Anders als sein Amtskollege Friedrich der Große im angrenzenden Preußen, der Erbauung vor allem im Abhalten endloser Militärübungen fand, entwickelte Friedrich August schon früh ein Gespür für die schönen Künste. Und für die gab er auch Unmengen an Geld aus. Großes Vorbild für ihn war der französische Hof. Zahlreiche Barockgärten in Sachsen wurden nach französischem Vorbild angelegt. Außerdem pflegte Sachsens Oberhaupt einen ausschweifenden und prunkvollen Lebensstil.

Vor allem war der Kurfürst aber ein leidenschaftlicher Sammler von Kunstschätzen. Ein Blick in die Schatzkammer im Dresdner Schloss, das Grüne Gewölbe, oder in die Gemäldegalerie wird Ihnen das jederzeit bestätigen. Auffällig ist die hohe Anzahl ausländischer Künstler, vor allem aus dem südeuropäischen Raum. August hatte halt eine Nase dafür, wo die Besten zu finden sind.

Auch die Jagd war eine große Leidenschaft des Kurfürsten, zum einen die in den Moritzburger Wäldern, zum anderen die auf dem glatten Parkett des Dresdner Hofes. Augusts Vorliebe für barocke Formen beschränkte sich nämlich nicht nur auf die Architektur der sächsischen Residenz. Zahlreiche Hofdamen sollen dem kurfürstlichen Charme erlegen gewesen sein. Sein Titel „Der Starke" kam nicht von ungefähr. Bei Kraftspielen liebte es Friedrich August, körperliche Kondition zu beweisen. Legendär geworden ist dabei seine Fähigkeit, ein Hufeisen mit bloßen Händen zu verbiegen. Nur ein junger Adliger vom polnischen Hof soll es ihm darin gleichgetan haben.

Die Zahl von 356 Nachkommen aus dem Reiseführer unseres jungen Pärchens entspringt wohl eher einer Legende. Historisch belegt ist aber so manche Liebelei, die meistens von kurzer Dauer war. Nur in einer Frau sollte August seine Meisterin finden:

Anna Constantia war die Frau des kurfürstlichen Steuereintreibers Adolf Magnus Freiherr von Hoym und lebte abgeschieden vor den Toren Dresdens. Auch wenn Anna vielleicht nicht gerade den heutigen Schönheitsidealen entspricht, war sie doch zu ihrer Zeit eine begehrenswerte, attraktive Frau. Diese Tatsache inspirierte die Intrigenschmiede am Dresdner Hof dazu, sie Friedrich August als neue Liebschaft anzutragen, denn der Kurfürst hatte einen hohen Verbrauch an Mätressen. Und tatsächlich muss August auch gleich Feuer gefangen haben, als man ihm Anna vorstellte. Doch so leichtes Spiel wie bei anderen Hofschönheiten sollte er bei Freiherrin von Hoym nicht haben. Sie ließ ihn regelrecht schmoren und verlangte ein Eheversprechen als Bedingung für ihre Hingabe, einen Vertrag, der sie nach der Königin als rechtmäßige Ehefrau einsetzen sollte. Das war dem starken August noch nie passiert. Frauen mit starkem Willen stießen ihn eigentlich ab, aber gleichzeitig faszinierte ihn Anna.

Nun, schließlich bekam Anna Constantia tatsächlich, was sie wollte, und wurde Augusts erste und wohl berühmteste Mätresse. Als Dank verlieh ihr der Kurfürst den Titel einer Reichsgräfin und fortan hieß sie „die Gräfin Cosel." Während sich die Hofschranzen und Intriganten anfangs noch die Hände über den gelungenen Coup rieben, sollten sie ihr Spielchen schnell bereuen. Denn Anna stellte sich als clever und machthungrig heraus. Bald schon sah sie einen großen Teil des Hofes gegen sich. Unerhört! – Eine Mätresse, die sich als Königin aufspielt! Nicht lange und es wurde ein Komplott geschmiedet, sie beim König, so oft es ging, in Misskredit zu bringen, anfangs noch erfolglos. Aber nach und nach zeigten die Gerüchte über die Cosel, die man dem Kurfürsten ins Ohr flüsterte, ihre Wirkung. Hinzu kamen häufige Eifersuchtsszenen Annas, denn der König wollte auch weiterhin nicht auf die eine oder andere Affäre verzichten.

Das traurige Ende der Liebschaft können Sie heute noch in einem Turmzimmer auf der Burg Stolpen erahnen. Hierhin verbannte der genervte Kurfürst die Cosel schließlich. Ganze 49 Jahre fristete sie in ihrem komfortablen Gefängnis ihr Dasein und überlebte Friedrich August sogar.

In Dresden erinnert heute noch das Coselpalais, gleich neben der Frauenkirche, an den berühmten Seitensprung des Wettiners. Das barocke Kleinod wurde für den Sohn Augusts des Starken, Graf Friedrich August Cosel erbaut. Wenn Sie hier irgendwann Ihre Tasse Kaffee oder Ihr „Schälchen Heeßen" schlürfen, wie die Dresdner sagen, dann legen Sie doch eine Gedenkminute für die unglückliche Liebe ein – Ach ja!

Praktische Erfindungen

Apropos Kaffeetrinken. Wenn der Genuss des schwarzen Heißgetränks auch zu Ihren Schwächen zählt, dann sollten Sie unbedingt wissen, dass ein wichtiger Bestandteil guten Filterkaffees in Dresden „das Licht der Welt erblickte".

Frühjahr 1908. Gespannt wartet eine Gruppe von Gästen im Wohnzimmer von Melitta Benz. Die Dresdner Hausfrau hat zum Kaffeekränzchen geladen und eine besondere Überraschung angekündigt. Stolz präsentiert sie den verblüfften Besuchern eine seltsame Konstruktion. Auf dem Tisch steht ein Messingtopf, den Frau Benz mit einem Nagel durchlöchert hat. Bedeckt werden die Öffnungen mit einem Löschblatt aus dem Schulheft ihres Sohnes. Es ist die Geburtsstunde des ersten Kaffeefilters der Welt. Melitta hatte sich schon immer über den Kaffeesatz geärgert, der den Genuss des in Sachsen so beliebten und traditionellen Getränks trübte. So begann die Erfolgsgeschichte der Unternehmerin und Erfinderin Melitta Benz. Bereits im Juli 1908 ließ sie ihre Erfindung beim Patentamt in Berlin eintragen und gründete ihre eigene Firma. Das Startkapital soll damals gerade einmal 73 Pfennige betragen haben. Die ersten Filter wurden im Wohnzimmer der kleinen Familie gefertigt. Inzwischen ist die Firma Melitta ein international agierendes Unternehmen.

Was gehört noch zu einem guten Kaffee? Richtig - die Kaffeesahne. Frisch soll sie sein, damit es keinen sauren Beigeschmack gibt. Eine weitere Dresdner Erfindung trug wesentlich zur Haltbarkeit der Milch bei. In einer Molkerei auf der Bautzener Straße entwickelten die Gebrüder Pfund im Jahr 1886 die Kondensmilch. Die

Pfunds Molkerei gibt es übrigens heute noch. Zahlreiche Touristenbusse machen täglich davor halt, und man genießt die historische Einrichtung und das würzige Aroma von unzähligen Käsesorten, das in der Luft liegt.

Sollten Sie nicht zu den Liebhabern des Kaffees gehören, kann ich Ihnen eine andere Dresdner Erfindung empfehlen, die das *Tee*trinken revolutioniert hat. Die so genannten „Teebomben" waren Vorläufer des ersten Aufgussbeutels. Sie wurden noch von Hand gefertigt. In der Firma „Teekanne", die Rudolf Anders und Eugen Nissle in Dresden-Plauen betrieben, ging 1829 die erste automatische Teebeutelpackmaschine in Produktion. Damalige Verarbeitungsgeschwindigkeit: 35 Mullteesäckchen pro Minute.

Mineralwasser ist aus einem heutigen Haushalt nicht mehr wegzudenken. Sie ahnen es schon – auch dieses Getränk wurde in Dresden erfunden. Das erste künstliche Mineralwasser stellte der Arzt und Apotheker Adolf August Struve in der damaligen Salomonis-Apotheke her. Ab 1818 baute er eine eigene Mineralwasseranstalt in der Dresdner Seevorstadt.

Wir bleiben beim Thema Getränkekultur: Man nehme ein Stück saugfähigen Holzfilz und schneide daraus einen Kreis oder ein Quadrat. Fertig ist der erste Bierdeckel. 1892 erfand der Dresdner Robert Sputh den Bierglasuntersetzer und leistete damit einen wichtigen Beitrag für die Sauberkeit auf der Tischdecke. Generationen von Hausfrauen und Gastwirten werden es ihm danken - und die Werbeindustrie auch.

Da wir gerade beim Bier sind - das erste deutsche Pilsner wurde auch in Dresden gezapft. Na ja, zugegeben, eigentlich befindet sich die 1872 gegründete Radeberger Brauerei ja nicht *in* Dresden, sondern *vor* den Toren der Landeshauptstadt. Der Werbewirksamkeit für Dresden tut das aber keinen Abbruch, und so nutzt ein gewisser TV-Werbespot gern Dresdner Kultur, um das Getränk an den Mann bzw. die Frau zu bringen.

„Frau" ist übrigens ein gutes Stichwort, auch wenn diese Überleitung jetzt vielleicht ein bisschen weit hergeholt scheint. „In Sachsen, wo die schönen Mädchen an den Bäumen wachsen", lautet ein beliebter Spruch bei uns. In wie weit er zutrifft, sollten Sie bei ihrem nächsten Dresdenbesuch selbst überprüfen. Gelegenheiten dafür bieten sich sicher eine Menge. Dass die sächsische Weiblichkeit so eine gute Figur macht, hat unter anderem seine Ursache in einer Dresdner Erfindung aus dem Jahre 1899. Ob Fräulein Christine Hardt mit ihrer eigenen Erscheinung unzufrieden war oder einfach ihren Geschlechtsgenossinnen etwas Gutes tun wollte, lässt sich heute nicht mehr genau sagen. Fest steht, dass sie in besagtem Jahr das Patent für „ein Leibchen, das die Brust in Form hält, ohne die natürliche Funktion der Brust zu beeinträchtigen", anmeldete. Aus zusammengeknüpften Taschentüchern und Männerhosenträgern hatte sie den ersten Büstenhalter der Welt hergestellt.

Was, glauben Sie, zeigte das Bild einer der ersten Fernsehübertragungen der Geschichte? Nein – keinen Büstenhalter, sondern schlicht und einfach eine Schere. Ja – auch das Fernsehen wurde in Dresden (mit)erfunden. Hier gelang die erste vollelektronische Fernsehübertragung mit Kathodenstrahlröhre. Zu Weihnachten 1930 übertrug der Universalwissenschaftler Manfred von Ardenne die ersten Fernsehbilder von besagter Schere von einem Raum in einen anderen. Im Dresdner Nobelviertel „Weißer Hirsch" arbeitete von Ardenne übrigens auch in anderen Bereichen, wie z. B. der Krebsforschung.

Flussabwärts, nur wenige Kilometer vom „Weißen Hirsch" entfernt, thronen 3 Schlösser über dem Elbhang. Das mittlere baute sich der Dresdner Industrielle Karl August Lingner. Das nötige Kleingeld für das eindrucksvolle Anwesen verdiente sich Lingner durch eine geniale Erfindung, mit der er dem Mundgeruch den Kampf ansagte. 1892 entwickelte Karl August einen der ersten Markenartikel der Welt: „Odol – Mundwasser". Die typische Flaschenform mit gebogenem Hals hat sich seitdem kaum verändert. Der Siegeszug um die Welt war nicht aufzuhalten. Man könnte fast sagen, dass eine Dresdner Erfindung wesentlich zur Verbesserung zwischenmenschlicher Beziehungen und gegen Einsamkeit beigetragen hat. Übrigens auch die Volksgesundheit lag Lingner am Herzen. Er baute das einmalige Deutsche Hygienemuseum in Dresden – heute noch ein beliebtes Ausflugsziel, vor allem für Schulklassen. Wo kann man schließlich schon in einen gläsernen Menschen hineinschauen?

Eine wichtige Erfindung hätte ich doch beinahe vergessen, vielleicht, weil sie doch schon länger zurückliegt. Sie erinnern sich an „August den Starken"? Da sein üppiger Lebensstil viel Geld verschlang, sann er ständig nach Möglichkeiten, die Staatskassen zu füllen. „Gold müsste man herstellen können", muss er sich gedacht haben. Die Legende berichtet, dass er seinen Hofalchimisten Johann Friedrich Böttger beauftragte, das edle Metall künstlich herzustellen. Dazu soll er den armen Böttger auf der Festung Königstein eingesperrt haben. Nun, Gold hat er natürlich nicht herstellen können. Dafür stieß er zufällig auf den Rohstoff Kaolin und fand heraus, dass sich daraus vortreffliches Porzellan herstellen ließ, und das war damals fast mehr wert als Gold. Bis dahin hielt China das Monopol an der Porzellanherstellung. Für das „weiße Gold" mussten die europäischen Höfe ein Vermögen hinlegen. Legende hin oder her – fest steht, dass ab 1710 die Herstellung des ersten europäischen weißen Porzellans und des ersten Hartporzellans der Welt im nahen Meißen dem Kurfürsten August mächtig den Geldbeutel füllte. Wenn Sie einmal die Gelegenheit haben sollten, am Boden Ihrer Tasse oder Ihres Tellers die berühmten blauen Schwerter zu entdecken, dann vergessen Sie nicht den armen Böttger in seinem Verlies.

Sie sehen, Dresden inspirierte zu allen Zeiten zu bedeutenden Erfindungen, und wer weiß, vielleicht kommt ja auch Ihnen hier *die* zündende Idee.

Alles nur ein „- witz"

Beim Blick in ein Dresdner Ortsverzeichnis könnten Sie den Eindruck gewinnen, dass die Elbtalbewohner einen besonderen Sinn für Humor haben. Da gibt es Namen wie Leute*witz*, Omse*witz*, Tolke*witz* oder Zschach*witz*. Zweifellos sind die Dresdner humorvolle Zeitgenossen. Den Ursprung der Ortsnamen mit der Vorliebe für Kalauer zu erklären, dürfte bei Sprachforschern allerdings Bauchschmerzen hervorrufen.

Sie erinnern sich sicher an die ersten Bewohner des Elbtals, die Sumpfbewohner? So wie ihr Name *„Drežďany"* sind auch viele Stadtteile mit slawischen Namen versehen. Die Endung „wicz" steht dabei für „Dorf". Die Wandlung von „ice" zu „itz" lässt sich heute noch in vielen tschechischen Ortsnamen nachvollziehen, wie z.B. „Roudnice nad Labem", eingedeutscht: „Raudnitz an der Elbe".

Viele Stadtteile waren kleine selbstständige Dörfer, bevor sie in Dresden eingemeindet wurden. Die immer weiter expandierende Landeshauptstadt „umarmte" quasi das dörfliche Umfeld. Bringen Sie ein bisschen mehr Zeit für Ihren Dresdenbesuch mit und fahren Sie auch in die äußeren Stadtteile! Zum Lohn werden Sie das eine oder andere alte Bauernhaus mit Fachwerk entdecken, das sich zwischen Villen und Bürogebäuden versteckt und Ihnen noch etwas über die Zeit der Dresdner Vororte erzählt.

Ein Stadtteil im Südosten der Landeshauptstadt, der sich lange Zeit gegen die Eingemeindung wehrte, war „Blasewitz". Erst 1921 wurde der Ort, inzwischen von Dresden fast umschlossen, ein Teil der Elbmetropole. Dass die Eingliederung so lange auf sich warten ließ, hat wohl auch damit etwas zu tun, dass in Blasewitz vor allem die gut betuchte einflussreiche Bürgerschaft zu Hause war. Hier gab es nämlich einen erfreulich niedrigen Steuersatz. Manche Dinge ändern sich eben nie. Zahlreiche Villen erzählen heute noch von der Pracht der Gründerzeit. Nach vierzig Jahren DDR-Abstinenz hat sich mittlerweile wieder gutbetuchte Bürgerschaft in Blasewitz niedergelassen. Die ganz „Geldigen" genießen eine Grundstückslage direkt an der Elbe und können jeden Tag ihr „Blaues Wunder" erleben.

Das mittlerweile sprichwörtlich gewordene „Blaue Wunder" bezeichnet eine Stahlbrücke, die Blasewitz mit Loschwitz verbindet, einem nicht minder noblen Dresdner Stadtteil. In ihrer Entstehungszeit war die Elbüberquerung eine der ersten Metallbrücken dieser Länge, die ohne Stützpfeiler im Wasser auskamen, deshalb wohl auch das „Wunder". Gerüchten zufolge war die eigentliche Farbe gar nicht so „blau", wie man uns heute „*weiß*machen" will. Aber können Sie sich vorstellen, dass man sein sprichwörtliches „Grünes Wunder" erlebt? Unmöglich! Aber: Grün wird bekanntlich aus Blau und Gelb gemischt. Letzteres soll den Witterungseinflüssen zum Opfer gefallen sein und übrig blieb..? Richtig, ein „Blaues Wunder". Wer hätte gedacht, wie stark das Wetter doch unseren Sprachgebrauch beeinflusst.

Aber lassen Sie uns über das „Blaue Wunder" hinüber nach „Loschwitz" flanieren. An den nördlichen Elbhang kuscheln sich eine Reihe beeindruckender Villen in den unterschiedlichsten Baustilen. „Blankenese Dresdens" nennen manche diesen Stadtteil. Der Vergleich ist gar nicht so weit hergeholt. Beide Orte liegen an der Elbe und auch die Grundstückspreise lassen sich hier wie dort nicht gerade aus der Portokasse bezahlen.

Wir können uns die kleine Mühe machen, zu Fuß den Hang zu erklimmen, oder wir gönnen uns eine Fahrt in einem von zwei verkehrshistorisch recht bedeutsamen Transportmitteln. Die Dresdner Schwebebahn gilt als älteste noch in Betrieb befindliche Bergschwebebahn und - man höre und staune - als einzige Bergschienenhängebahn der Welt. Nehmen Sie sich ein bisschen Zeit und genießen Sie es, wenn die schwarzgelben Wagen die Anhöhe hinaufkriechen. Oben erwartet Sie ein atemberaubender Blick über das Elbtal.

Ganz in der Nähe vom Körnerplatz, am Fuße des Elbhangs, verkehrt die Dresdner Standseilbahn. Der von der Bergstation herabfahrende Zug zieht jeweils die Wagen am anderen Ende hinauf. Auf halber Höhe gibt es ein kurzes Stelldichein. Ziel der Fahrt ist der Dresdner „Luisenhof". Die exponierte Lage brachte dem Restaurant die Bezeichnung „Balkon Dresdens" ein. Sollten Sie sich dort einmal Kaffee und Kuchen gönnen, werden Sie verstehen, warum. Der Blick über Dresden ist einmalig. Zum Restaurant gehört auch ein Turm. Arbeiten Sie ein paar Kalorien Ihres Kuchens ab und erklimmen Sie die Stufen zur Aussichtsplattform. Von hier schauen Sie nicht nur über die gesamte Stadt. Neugierige können auch einen Blick auf die exklusiven Villen in Loschwitz erhaschen. Beeindruckende Anwesen entdecken Sie auch im angrenzenden Stadtteil „Weißer Hirsch", einst ein luxuriöser Kurort, der besonders in den zwanziger Jahren seine Blütezeit erlebte.

Gar nicht weit vom Luisenhof entfernt befindet sich ein Anwesen, in dem der „letzte sächsische König" lange Zeit residierte. Gemeint ist *nicht* Friedrich August III, der sich 1918 mit dem Satz „Macht euern Dreck doch alleene" aus seinem Amt verabschiedet haben soll.

In Loschwitz residierte nach der Wende Sachsens erster Ministerpräsident Kurt Biedenkopf. Die Dresdner verpassten ihm schon bald den Spitznamen „König Kurt".

Sie sehen also, Dresden hat eine Menge an „-witz" zu bieten. Übrigens – kannten Sie den:?

Auf einem Dresdner Standesamt fragt der Beamte: "Un wie soll denn nu der Kleene heeß′n?". "Naja – wir dachten, Dankward wäre vielleicht ganz schön!". "Isch wollde eigendlisch den Namen wiss′n, un nisch, wassor mal wern will!"

Die Dicke und die Dünne

Wie eine Glucke brütet die Dresdner Frauenkirche über dem historischen Stadtkern. Nur wenige hundert Meter entfernt ragt der grazile Turm der katholischen Hofkirche in den Himmel. Zwei Gotteshäuser, die architektonisch nicht unterschiedlicher sein könnten und die doch eng verbunden sind mit der religiösen Berg- und Talfahrt Dresdens.

Sachsen ist das Heimatland der Reformation. Stolz steht der Reformator Martin Luther auf seinem Sockel vor der neu erbauten Dresdner Frauenkirche und schaut wohlwollend auf die überwiegend evangelischen Schäfchen in der sächsischen Landeshauptstadt. Was hätte er wohl dazu gesagt, dass 1697 ausgerechnet der sächsische Kurfürst zunächst heimlich, später offiziell, zur katholischen Seite wechseln würde?

Was war passiert? Besagtem Kurfürst, wir kennen ihn bereits als August den Starken, winkte die Königskrone des katholischen Nachbarlandes Polen. Was für eine Chance! Kurfürst von Sachsen *und* König von Polen – so eine Möglichkeit konnte sich Friedrich August unmöglich entgehen lassen. Einziger „Haken" an der Sache: die Bedingung, zum katholischen Glauben zu konvertieren. Für unseren Kurfürsten scheinbar unproblematisch. Auf Begeisterung seitens der anderen sächsischen Fürsten durfte er dabei allerdings nicht hoffen. Aber wann bekommt man schließlich schon einmal eine Krone angeboten?

Und so war es beschlossene Sache. August wurde am 16. September 1697 mit allem Prunk in Krakau als „August II Mocny", was so viel wie „der Mächtige" bedeutet, zum polnischen König gekrönt. Lange sollte die Freude am neuen Titel nicht währen. Bereits 1706 musste der „mächtige August" nach der Niederlage gegen die Schweden den Thron wieder abgeben. Aber Friedrich August wäre nicht „der Starke", wenn er sich den Titel drei Jahre später nicht wiedergeholt hätte.

Hatte Sachsen bis zur Konvertierung des Kurfürsten noch die Führungsrolle unter den evangelischen Reichsständen inne, verlor es diese jetzt an das nördliche Brandenburg-Preußen. Die Angst der evangelischen Untertanen in Sachsen, dass nun eine Rekatholisierung im Land bevorstehen könnte, stellte sich als unbegründet heraus. Nur der sächsische Hof war „katholisch geworden". Von den anderen Fürsten verlangte Friedrich August keine Konvertierung. Trotzdem entfremdete der Religionsübertritt des Landesherrn ihn spürbar von seinen Untertanen. Schließlich war er bis dahin das Oberhaupt der evangelischen Landeskirche gewesen.

Der Übertritt Augusts brachte für Dresden aber durchaus positive Impulse. So holte der König viele Polen an den sächsischen Hof, die einen gewissen frischen Wind in die Stadtmauern brachten. Auch zahlreiche Künstler fanden den Weg in die sächsische Metropole. Ihre Spuren können Sie heute noch finden. Ein Besuch auf dem alten katholischen Friedhof in Dresden lohnt sich immer. Beim Studium der Grabsteine entdeckt man das eine oder andere interessante Detail aus dem Leben der damaligen „Neudresdner".

Der Übertritt des Kurfürsten zum Katholizismus führte letztendlich zu einer Wiederbelebung des katholischen Glaubens im überwiegend evangelischen Sachsen. Natürlich ist auch heute noch die Mehrzahl der sächsischen Christen protestantisch.

Der Bischof des Bistums Dresden- Meißen hat übrigens seinen Sitz erst seit 1979 in der Landes- bzw. damaligen Bezirkshauptstadt. Bis dahin war Bautzen in der katholischen Lausitz Zentrum der kirchlichen Verwaltung. Schutzpatron des Bistums ist der heilige Benno von Meißen.

Um seinen neuen Glauben gebührend ausüben zu können, benötigte der König in Dresden natürlich ein repräsentatives Gotteshaus. Dazu ließ er 1739-1751, unter starkem Protest der *protest*antischen Bevölkerung, die Dresdner Hofkirche errichten. Das barocke Gotteshaus soll der Form eines Schiffes nachempfunden sein. Die Kirche steht so, dass sie schräg gegen den Strom der Elbe gerichtet ist; eine beliebte Symbolik, die schon in so manche Sonntagspredigt eingeflossen ist.

Ganz anders als manches barocke Gotteshaus überrascht die Kathedrale (so die heutige Bezeichnung) mit schlichten Formen. Übrigens sehr zu empfehlen ist ein Orgelkonzert. Die Hofkirche beherbergt eine der wenigen Instrumente des berühmten Orgelbauers Gottfried Silbermann. Auf dem Instrument soll bereits Wolfgang Amadeus Mozart gespielt haben. Gottesdienste in der Kathedrale werden oft von den Dresdner Kapellknaben gestaltet. Vielleicht nicht ganz so bekannt wie der Dresdner Kreuzchor, beeindrucken die jungen Sänger aber mit einem ebenbürtigen Repertoire und einer ebensolchen Perfektion. Sollten Sie an einem der hohen Feiertage, wie Weihnachten, Ostern und Pfingsten in Dresden sein, dann lauschen Sie den Stimmen von der Orgelempore. Frühzeitiges Erscheinen ist empfehlenswert.

Beim Gang um das Gotteshaus wird Ihnen an einer Stelle eine kleine überdachte Brücke auffallen, welche die Kirche und das nebenstehende Schloss verbindet. Dieser besondere „Tunnel" war dem Kurfürsten vorbehalten, um trockenen Hauptes und abseits vom gewöhnlichen Fußvolk zum sonntäglichen Gottesdienst zu erscheinen. Auch wenn der Körper des berühmten Sachsen seine letzte Ruhe im polnischen Krakau gefunden hat, so ist sein Herz doch, im wahrsten Sinne des Wortes, in Dresden geblieben, nämlich in der Gruft der Hofkirche, zusammen mit den Sarkophagen anderer bedeutender Wettiner.

Von der Hofkirche fährt, pardon, führt der Fürstenzug in Richtung Dresdner Frauenkirche. Viel ist über die Wiedererrichtung des Gotteshauses berichtet worden. „Eigentlich ist die Silhouette der historischen Dresdner Altstadt erst seit der Einweihung der kuppelartigen Kirche wieder richtig komplett", bestätigen viele Dresdner. In der Tat würde ohne die Frauenkirche wirklich etwas fehlen.

Musste man kurz nach der feierlichen Eröffnung oft stundenlang anstehen, um einen Blick auf die leuchtenden Farben des neu erstandenen Innenraumes zu werfen, kommen Besucher heute einfacher in den Genuss einer Besichtigung. Für begehrte Konzerte, besonders in der Weihnachtszeit, ist es nach wie vor schwierig, Karten zu erhaschen. Es empfiehlt sich, rechtzeitig zu reservieren.

Die große mediale Aufmerksamkeit, die das „Projekt Wiederaufbau Frauenkirche" einerseits genoss, brachte andererseits einen kleinen Nachteil mit sich. Das Bauwerk wurde zunehmend eher als Sehenswürdigkeit, denn als Gotteshaus wahrgenommen. Hinzu kam, dass es in diesem Stadtgebiet seit der Zerstörung der Kirche im Februar 1945 keine „gewachsene Kirchgemeinde" mehr gab. „Unsere Gemeinde werden die vielen Besucher aus Dresden, Sachsen und der ganzen Welt sein", sagte mir einmal der erste Pastor der Frauenkirche in einem Interview. Ein Blick auf die bunte Besucherschar gibt ihm durchaus Recht.

Auch US-Präsident Barack Obama ließ es sich nicht nehmen, während seines Kurzbesuches im Sommer 2009 das berühmte Dresdner Gotteshaus zu besichtigen. Sein Kommentar beim Betreten des Innenraumes: „Wonderful". Besonders beeindruckte den Präsidenten die Tatsache, dass der ehemalige Bauherr der Kirche, Eberhard Burger, tatsächlich mit dem veranschlagten Budget auskam. Er wünsche sich das auch für seinen US-Haushalt, fügte Obama mit einem Augenzwinkern hinzu.

Unproblematisch war die Entscheidung für den Wiederaufbau ab 1993 aber nicht. Es gab durchaus verschiedene Meinungen. Die Ruine des Gotteshauses war bis dahin immer ein Ort der Erinnerung an den Bombenangriff und die unzähligen Opfer gewesen. Schon zu DDR-Zeiten versammelten sich hier hunderte Menschen, um mit einem Lichtermeer an die Toten zu erinnern. Inzwischen haben aber auch die damaligen Skeptiker ihre „neue alte" Frauenkirche lieb gewonnen und sind stolz.

Besonderen Stolz empfinden natürlich die evangelischen Christen Dresdens, haben sie doch jetzt ein ebenbürtiges und berühmtes Gotteshaus in der Landeshauptstadt. Manche bezeichnen den Kuppelbau gar als „Petersdom der Protestanten".

Eine „Konkurrenz" zwischen Hofkirche und Frauenkirche zu sehen, wäre allerdings übertrieben. Im Gegenteil: Das Zusammenleben von Protestanten und Katholiken hat in der sächsischen Residenz eine gute Tradition. Ökumenische Gottesdienste zu den verschiedensten kirchlichen Feiertagen gehören hier ganz einfach dazu. So war es fast schon selbstverständlich, dass die neuen Glocken der Frauenkirche auf dem Schlossplatz vor der katholischen Kathedrale feierlich geweiht und dann gemeinsam den Fürstenzug entlang zum neuen Bestimmungsort geleitet wurden. Die Dresdner Katholiken freuten sich ebenso über das neue architektonische Kleinod der Stadt.

Zusammenfassend könnte man fast sagen, dass der „religiöse Seitensprung" Augusts des Starken zur Vielfalt in Dresden beigetragen hat. Das Panorama der Altstadt erzählt uns heute noch davon.

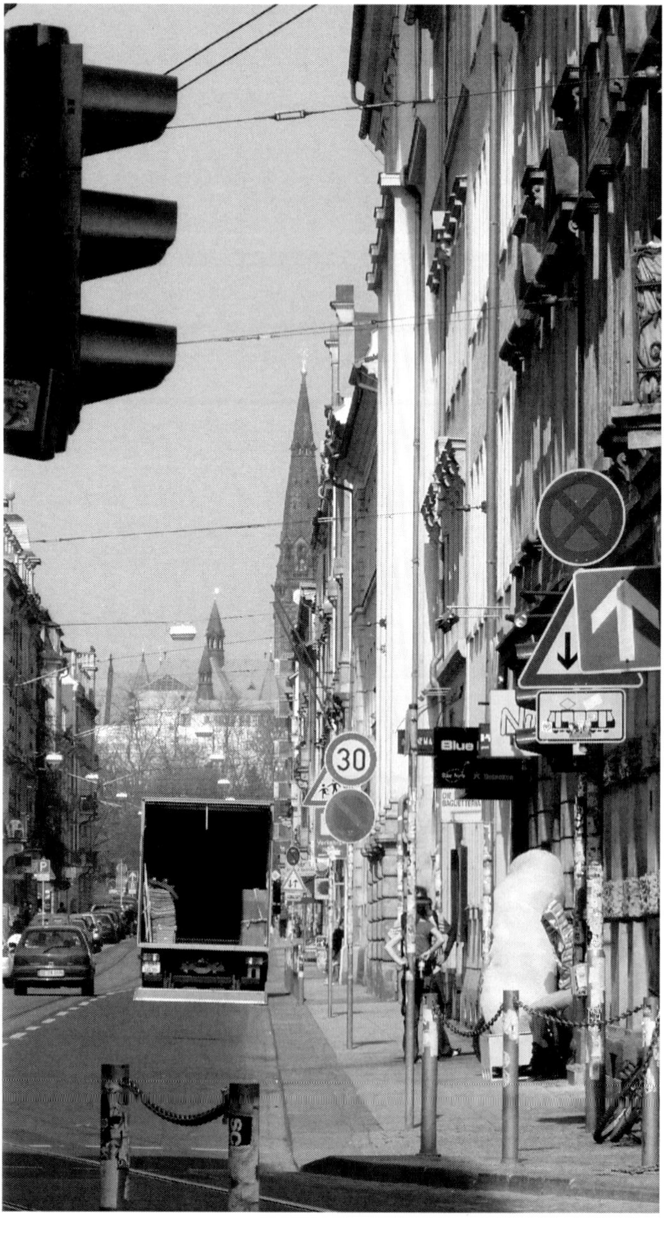
30
Blue

Bunte Republik

Wer in Dresden etwas erleben will, der geht in die Neustadt. Während sich tagsüber in der historischen Altstadt die Touristen tummeln, spielt sich das Nachtleben größtenteils auf der anderen Elbseite, nördlich der Bautzner Straße, ab. Böse Zungen behaupten gar, dass im Dresdner Zentrum nach 20:00 Uhr die Fußwege hochgeklappt werden, während in der Neustadt das Nachtleben erst beginnt. Bars, Kneipen, Szenelokale, alternative Klamottenläden, Tattoo- und Piercingshops haben hier ihr Zuhause gefunden, und es gibt noch Kinos, die sich nicht am Mainstream orientieren und den Besuchern auch weniger bekannte Produktionen präsentieren.

Kurz nach der politischen Wende existierten im Viertel noch eine Vielzahl unsanierter Altbauwohnungen mit Kohleheizung und grauem Hinterhofblick. Die günstigen Mietpreise waren ideal für alle, die auf den Euro, bzw. damals noch auf die Mark schauen mussten. Eigentumsverhältnisse spielten noch keine große Rolle und so wurde die eine oder andere Räumlichkeit auch mal ohne gültigen Mietvertrag bezogen. Bereits kurz nach 1989 wurde dieser Stadtteil bald zum Anlaufpunkt für ein buntes Völkchen aus Künstlern, Alternativen und Studenten.

Kultige Kneipennamen, wie „Planwirtschaft" und „Raskolnikov", lockten schon bald neugierige Besucher aus den alten Bundesländern in die Neustadt, um hier noch ein bisschen vom „Wilden Osten" zu finden, oder vielleicht einfach in Erinnerungen an die guten alten 68er zu schwelgen: „Ach ja – bei uns war das damals auch so: Nächtelang in einer WG zusammenhocken und darüber diskutieren, wie wir die Welt verändern könnten …".

Nun – von der Nostalgie der Nachwendejahre ist nicht mehr so viel übrig geblieben. Einige der legendären Lokalitäten gibt es immer noch, wenn inzwischen auch mit gesetzterem Image und größerem Komfort. Das bunte Völkchen ist auch noch da, hat aber hier und da zahlungskräftige Nachbarn bekommen. Dort, wo einst undichte Ziegeldächer das Bild bestimmten, schauen jetzt moderne Penthauswohnungen über die Neustadt. Es ist „hipp" geworden, hier zu wohnen. Man schmückt sich gern mit dem ehemals alternativen Image des Stadtteils, den es so eigentlich gar nicht mehr gibt. Einige der „Ureinwohner" sind mittlerweile auch weggezogen.

Trotzdem hat die Dresdner Neustadt unbestritten ein einmaliges Flair hervorgebracht. Jedes Jahr im Sommer feiert die Neustadtgemeinde gemeinsam mit ihren Gästen die „Bunte Republik Neustadt", ein großes Straßenfest mit Livekonzerten, Theaterspiel, Verkaufsständen und anderen Aktionen. „Schlag"zeilen im wahrsten Sinne des Wortes machen in den letzten Jahren dabei immer wieder Ausschreitungen zwischen Unruhestiftern und der Dresdner Polizei. Den Spaß an ihrem Fest lassen sich die „Neustädter" dadurch aber nicht verderben. Kritisiert wird von den Bewohnern allerdings die zunehmende Vermarktung und Kommerzialisierung des Volksfestes.

Viele soziale Einrichtungen der Stadt Dresden haben ihre Beratungsstellen in der Neustadt. Hier finden sie ihre Zielgruppe direkt vor der Haustür und können im wahrsten Sinne des Wortes als „Streetworker" arbeiten. Der Stadtteil ist Treffpunkt vieler „Aussteiger". Sie gehören inzwischen zum Stadtbild. Auch wenn mittlerweile Menschen mit den unterschiedlichsten Biographien in der Neustadt zu Hause sind, kommt man hier gut miteinander zurecht. „Leben und leben lassen" ist die Devise im Szeneviertel.

Wer einen Streifzug durch die Dresdner Neustadt unternimmt, begibt sich auf eine kleine Weltreise, vor allem in kulinarischer Hinsicht. Das Angebot reicht dabei vom indischen Restaurant bis zur Westernkneipe. Einige Lokalitäten haben sich fest etabliert, anderen ist nur eine kurze Zeit in der Neustadt beschieden. Erfolg bei Bewohnern und Gästen muss man sich in der Neustadt eben erst erarbeiten. Ein Geheimrezept dafür haben bisher nur wenige gefunden.

Die Auswahl an Bars und Kneipen ist groß. Am besten, Sie unternehmen einen kleinen Spaziergang durch die Straßen, schauen in die Fenster und lassen sich durch das eine oder andere gemütliche Ambiente anlocken. Wenn es nicht gefallen sollte, kein Problem, ein paar Schritte weiter wartet die nächste „Gastronomität". Schließlich ist der Abend noch lang. Übrigens sollten Sie ihr Auto besser zu Hause lassen, zum einen wegen der am Abend schnell ausgeschöpften Parkmöglichkeiten, zum anderen um kleinere und größere Schäden am Fahrzeug zu vermeiden.

Sehenswert ist die Dresdner Neustadt übrigens nicht nur in den Abendstunden. Das geschäftige Leben am Tag ist mindestens ebenso interessant. Ein Blick in verschiedene Hinterhöfe offenbart eine regelrechte Galerie an bunten Häuserfassaden und großflächiger Graffitimalereien. Die meisten dieser Kunstwerke entstanden natürlich auf legale Art und Weise.

An der nördlichen Grenze des Stadtteils öffnet sich vor Ihnen der Alaunpark, sozusagen der Garten für die „Neustädter". An Sonnentagen räkeln sich hier die Bewohner auf dem Rasen oder führen ihre Vierbeiner Gassi – deshalb: ein bisschen Vorsicht beim Räkeln!

Wenn Sie etwas mehr Zeit mitgebracht haben und etwas für ihr Wohlbefinden tun möchten, dann empfehle ich Ihnen noch eine kleine, aber feine architektonische Besonderheit:

In einem Hinterhof versteckt sich das Dresdner Nordbad. Bereits 1894 wurde es als „Germaniabad" erbaut. Damals soll es noch streng getrennte Badezeiten für Männer und Frauen gegeben haben – Sie wissen schon, wegen der Moral. Ein wenig vom „alten Charme" strahlt das sanierte Bad heut immer noch aus und ist zu einem beliebten Treffpunkt für die „Neustädter" und ihre Gäste geworden.

Ob Sie nun so oder so in die Neustadt „eintauchen", bleibt natürlich Ihnen überlassen. Einen Ausflug ist der Stadtteil zwischen Bautzener Straße und Bischofsweg allemal wert.

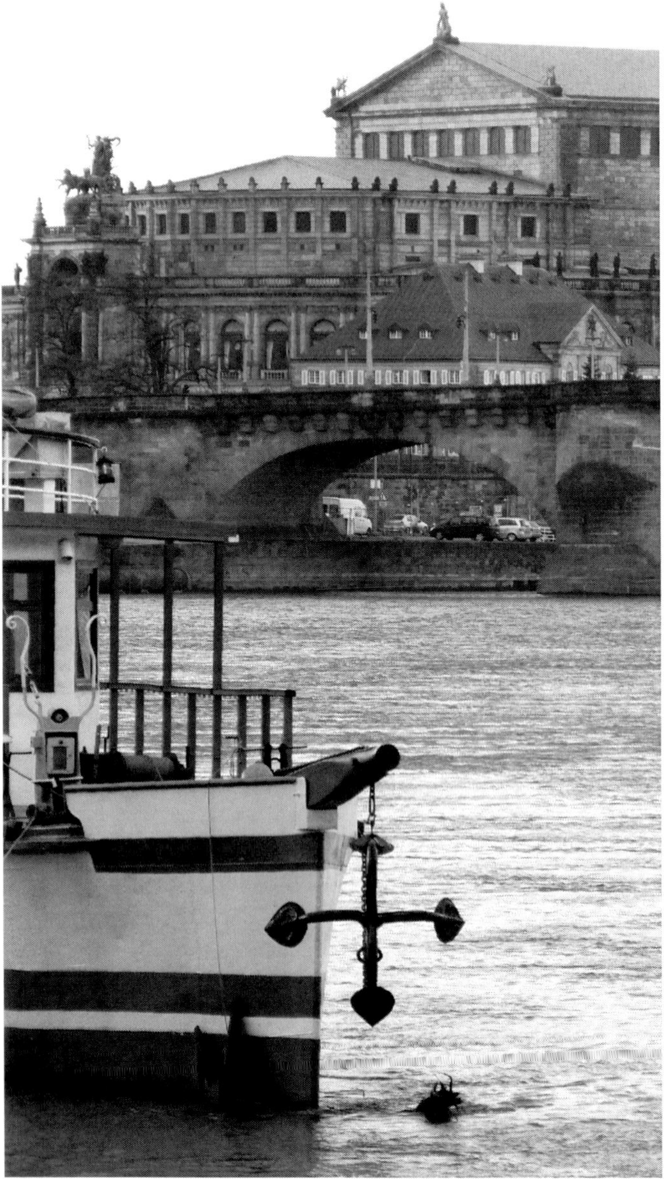

Dresden ahoi

Noch eins, zwei drei – und ab. Aus der Regie erhält der Moderator das Zeichen, dass er auf Sendung ist. „Guten Abend, liebe Zuschauer. Wir melden uns wieder live aus Dresden mit neuen Bildern des Jahrhunderthochwassers…" Der junge Mann ist von aufgestapelten Sandsäcken umgeben, und seine Gummistiefel, die nicht so recht zu seinem Anzug passen wollen, sind zur Hälfte mit Elbwasser bedeckt. Hinter ihm hält ein Verkehrsschild „Einfahrt verboten" einsam die Stellung im Strom der Elbe. Doch der Fluss lässt sich durch Verkehrsregeln nicht aufhalten.

Bilder wie diese waren im Sommer 2002 keine Seltenheit. Nachdem in Dresden der Pegel der Elbe einen Jahrhundertrekord gebrochen hatte, brach in der Landeshauptstadt ein regelrechter „Reportertourismus" aus.

Die Dresdner selbst waren in diesen Tagen gar nicht gut auf die Elbe zu sprechen, besonders, wenn ihre Grundstücke und Häuser in deren Nähe lagen. Aber, so seltsam es auch klingen mag, die Jahrhundertflut hatte auch ihre guten Seiten. So brachte das Hochwasser eine wahre Welle der Hilfsbereitschaft mit sich. Hausgemeinschaften, die sich sonst nur mit „Guten Morgen" und „Guten Abend" – im Treppenhaus begegneten, verbrachten jetzt gemeinsame Wachschichten im Keller, um mit Sandsäcken und Eimern gegen eindringendes Grundwasser zu kämpfen.

Sieht man von Ausnahmen wie dem Hochwasser ab, haben die Elbtalbewohner aber ein gutes Verhältnis zu „ihrem Fluss". Kein Wunder, schließlich bescherte der Strom dem Tal eine wunderschöne Landschaft mit fruchtbaren Weinhängen und lauschigen Elbauen. Bevor die Elbe die Stadtgrenze im Süden erreicht, hat sie bereits einen langen Weg hinter sich. Dieser beginnt in der Heimat des Berggeistes „Rübezahl" im Riesengebirge, an der Grenze zwischen Tschechien und Polen. Die Bedeutung des Namens „Elbe" ist übrigens wenig spektakulär. Albis und Albia wurde der Fluss von Römern und Germanen genannt und bedeutet so viel wie „helles Wasser". Der Wortursprung von Elbe ist „*elfr*", ein altnordisches Wort für Fluss.

Besonders beliebt ist das Flusstal bei den Besitzern eines Drahtesels. Ein gut ausgebauter Radweg schlängelt sich an der Elbe entlang von den ersten Ausläufern des Elbsandsteingebirges im Südosten bis zur Porzellanstadt Meißen im Nordwesten Dresdens. Da es so gut wie keine Hügel zu bewältigen gibt, ist der Weg ideal auch für Familienausflüge. An Wochenenden sind ganze Scharen auf zwei Rädern unterwegs, um das Elbtal zu erkunden. Zahlreiche Sehenswürdigkeiten und Ausflugsgaststätten am Wegrand laden zum Pausieren ein.

Die Wasserqualität der Elbe in Dresden hat sich in den vergangenen Jahren um einiges verbessert. Verschmutzten in den 80er und 90er Jahren noch Industrieabfälle aus der Tschechoslowakei den Fluss, trauen sich heute immer mehr Schwimmbegeisterte ein Bad in der Elbe zu. Dabei hatte das Baden in der Elbe durchaus schon Ende des 19. Jahrhunderts Tradition. Damals existierten am Elbufer bereits zahlreiche Frei- und Schwimmbäder.

Nun mit den Beziehungen zum Nachbarland Tschechien verbesserte sich nach 1989 auch bald wieder die Sauberkeit des Flusses. So treffen sich seit mehreren Jahren Mutige regelmäßig zum „Elbeschwimmen" in der Landeshauptstadt. Mit bunten Badeanzügen locken die Teilnehmer jedes Mal Schaulustige und die Lokalpresse an. Das Alterspektrum bei den Schwimmern reicht dabei von 7 bis 87.

Doch nicht nur neben und in der Elbe, sondern auch auf dem Fluss vergnügen sich die Dresdner und ihre Gäste. Beim alljährlichen sommerlichen Elbhangfest fällt der Startschuss für das spektakuläre „Drachenbootrennen". Teilnahme und außergewöhnliches Design zählen dabei wohl mehr als das Ergebnis.

Allen, die es etwas weniger anstrengend mögen, empfehle ich einen Ausflug auf der „Stadt Wehlen", der „Diesbar", der „Meissen" oder der „Pillnitz". Hinter diesen Namen verbergen sich nicht nur Orte an der Elbe, sondern auch eine Reihe von historischen Schaufelraddampfern. Sie gehören zu einer der ältesten Dampfschifffahrtsgesellschaften Europas. Bereits 1836 wurde das „Privileg zur Dampfschifffahrt im Königreich Sachsen" erteilt. Noch heute transportieren die Oldtimer Touristen auf dem Elbestrom. Der älteste von ihnen, die „Stadt Wehlen", wurde bereits 1879 gebaut. Die Hauptanlegestelle befindet sich mitten im Zentrum unterhalb der „Brühlschen Terrasse", nur wenige Gehminuten von Hof- und Frauenkirche entfernt. Von hier aus können Sie sich für eine Fahrt flussabwärts in Richtung Meißen oder flussaufwärts in die „Sächsische Schweiz" entscheiden.

Die einmalige Natur und die kulturellen Schätze brachten dem Elbtal eine besondere Auszeichnung ein. Von der UNESCO erhielt es im Juli 2004 den Titel „Weltkulturerbe". Dieser Titel wurde allerdings durch die Pläne zum Bau der Waldschlösschenbrücke gefährdet. Nach langen Diskussionen begannen schließlich doch die Bauarbeiten der umstrittenen Brücke. Das Ergebnis: Im Juni 2009 war der Welterbetitel futsch. Die UNESCO ließ sich auch von der Dresdner Oberbürgermeisterin nicht umstimmen. Die Reaktionen auf diese Entscheidung fielen in der Dresdner Bevölkerung recht unterschiedlich aus. Neben dem Bedauern über den Verlust des Titels sahen viele Dresdner die Sache recht nüchtern: „Dresden hat es geschafft, aus eigener Kraft zu einer weltweit beliebten Stadt zu werden, und die wird es weiterhin bleiben, auch ohne Welterbetitel."

Apropos Brücken – vier von ihnen verbinden die Ufer im Stadtgebiet. Das „Blaue Wunder" im Südosten Dresdens haben Sie ja schon kennen gelernt. Etwas weiter stromabwärts überquert die Albertbrücke den Fluss. Nur sechshundert Meter bzw. 1,2 Kilometer weiter stoßen wir auf die Carola- und die Augustusbrücke. Beide Querungen verbinden die Dresdner Neustadt mit dem historischen Zentrum der Dresdner Altstadt. Besonders schön ist die Augustusbrücke. Bummeln Sie doch einfach vom „Goldenen Reiter" auf der Neustädter Seite hinüber zur Kathedrale. Mitten auf der Brücke bietet sich ein toller Rundumblick auf das Panorama der Altstadt, auf die Neustadt, den Fernsehturm im Südosten und die fernen Ausläufer der Radebeuler Weinberge im Nordwesten. Von hier aus sehen Sie auch die letzte große Brücke im Stadtgebiet: die Marienbrücke. Über sie läuft auch der Eisenbahnverkehr vom Bahnhof Dresden Neustadt hinüber zum Hauptbahnhof.

Der Warentransport auf der Elbe spielt übrigens für die Versorgung der Stadt heute keine so bedeutende Rolle mehr. Viele Lastkähne auf dem Fluss passieren Dresden lediglich. Die meisten von ihnen setzen ihre Fahrt fort – z.B. weiter elbabwärts nach Norden in Richtung Dresdens Partnerstadt Hamburg. Gepflasterte Uferstreifen im

Stadtgebiet erinnern aber noch an die alten „Ausschiffungsplätze".

Dresden und die Elbe – eine Beziehung mit vielen Fassetten. Zwei, die zusammengehören, auch wenn einer bzw. eine mal die „Fassung" verliert.

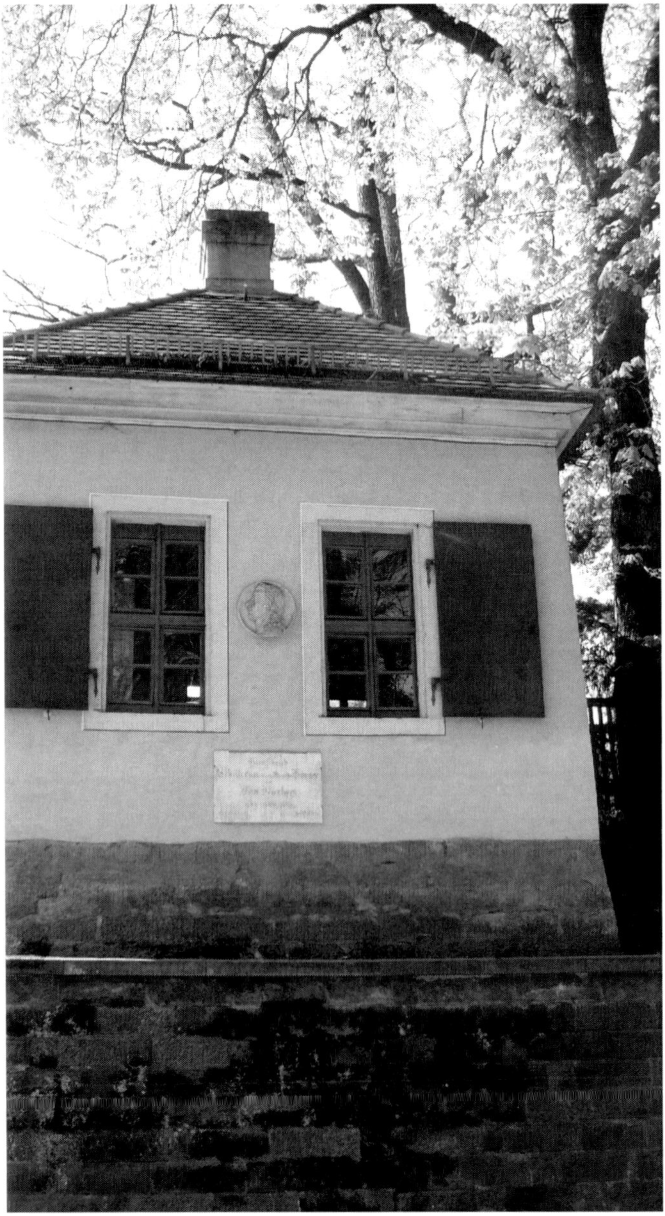

Ode an die Gustel

Im Sommer des Jahres 1786 sitzt ein junger Mann in den Weinbergen von Dresden-Loschwitz und genießt die Aussicht über das Elbtal. Seit knapp einem Jahr ist er Gast der Familie Körner, die in Loschwitz ein kleines Weinberghäuschen besitzt. Nach Dresden ist er gekommen, um unter anderem seine literarische Arbeit fortzusetzen.

Der Name des jungen Mannes: Friedrich Schiller. In der Zeit seines zweijährigen Dresdenaufenthalts beendet er sein Freiheitsdrama „Don Carlos" und auch die berühmte „Ode an die Freude", die Beethoven später in der Neunten Sinfonie vertonte, soll hier entstanden sein. Dresden muss den jungen Schiller also stark inspiriert haben.

Anders sieht es da mit den Bewohnern der Stadt aus. So gesteht er später in einem Brief an einen Freund: „Die Kursachsen sind nicht die liebenswürdigsten von unseren Landsleuten, aber die Dresdener sind vollends ein seichtes, zusammengeschrumpftes, unleidliches Volk, bei dem es einem nie wohl wird. Sie schleppen sich in eigennützigen Verhältnissen herum, und der freie edle Mensch geht unter dem hungrigen Staatsbürger ganz verloren, wenn er je da gewesen ist."

Das doch recht harte Urteil sei dem jungen stürmischen Schiller verziehen, zumal belegt ist, dass es durchaus Dresdner(innen) gab, die seine Sympathie fanden.

In einem Schankgut in Blasewitz, in das Friedrich öfters einkehrte, wurde er von einer jungen Frau bedient, die ihm regelmäßig seine Milch servierte: Johanne Justine Renner – Kosename: Gustel. Schiller muss von ihrer anmutigen Erscheinung sehr angetan gewesen sein und auch ihre bezaubernde Stimme beeindruckte ihn. So sang Gustel ihm gelegentlich Lieder am Spinett vor. Man könnte fast sagen, dass es sich um eine Art „Casting" handelte, denn der Dichter schlug Gustel gar eine Bühnenkariere vor, bei der er sie unterstützen wolle. Aber anders als heute war dieser Berufsweg nicht erstrebenswert und galt sogar als anrüchig - für die gut erzogene Justine also ausgeschlossen.

So ganz konnte sich die junge Dame der Bühne aber nicht entziehen. Ob sie wollte oder nicht, Schiller setzte ihr ein kleines Denkmal in seinem „Wallenstein". So finden sich in dem Klassiker heute noch die Worte: „Was? Der Blitz! Das ist ja die Gustel aus Blasewitz".

1787 verließ Schiller Dresden und weilte als Gast nur noch einmal 1801 hier. Auf seinen Spuren können Sie aber immer noch wandeln. Das kleine ehemalige Weinberghäuschen an der „Schillerstraße" schmückt heute eine Gedenktafel an den großen Dichter und ist in „Schillerhäuschen" umbenannt worden. Auf der gegenüberliegenden Elbseite lädt der „Schillergarten" zum Verweilen ein, eben jenes Schankgut, in dem Friedrich Gustel beim Musizieren lauschte.

Friedrich Schiller war natürlich nicht das einzige Künstlergenie, das Dresden mit seiner Anwesenheit beehrte.

Ein Orgelwettstreit auf der Silbermannorgel der damaligen Hofkirche – wir haben sie bereits kennengelernt – lockte im Jahr 1789 den damals 33jährigen Wolfgang Amadeus Mozart in die sächsische Hauptstadt. Während seines Aufenthaltes spielte Mozart zweimal am Dresdner Hof und beeindruckte damit den Kurfürsten. Auch die Familie Christian Gottfried Körners, bei der ja Schiller zwei Jahre zuvor Gast war, gab sich die Ehre und lud den berühmten Musiker zu sich ein. Der kurze Besuch des „Musikstars" war den Dresdnern immerhin ein großes Denkmal wert, das im von Gottfried Semper 1841 eröffneten Hoftheater seinen Platz fand und heute Teil der Staatlichen Kunstsammlungen Dresdens ist.

Andere Musiker haben es länger in Dresden ausgehalten.

Einer der bekanntesten Hofkapellmeister war Richard Wagner. Bereits als kleiner Junge lebte Richard in der Dresdner Moritzstraße. Dort soll er auch als Vierjähriger dem Komponisten Karl Maria von Weber begegnet sein. Als erwachsener Mann kehrte Wagner 1842 nach Dresden zurück. Der Opernkomponist feierte hier große Erfolge und diese brachten ihm schließlich die lukrative Stelle als Hofkapellmeister ein – auf Lebenszeit. Dresden war übrigens der Premierenort für einige seiner bekanntesten Opern. Auch wenn es heute unverständlich ist, hatten die Dresdner Uraufführungen des „Tannhäuser" und des „Fliegenden Holländer" nicht so viel Erfolg wie andere seiner Werke. Sei's drum – dem Ruf Dresdens als Kunststadt waren sie ganz gewiss nicht abträglich, genauso wenig, wie die Werke Karl Maria von Webers.

Als der kleine Wagner ihn in Dresden zum ersten Mal traf, war Weber bereits ein erfolgreicher Künstler. Er gilt heute als Schöpfer der romantischen Oper in Deutschland, und wer sich näher über sein Lebenswerk informieren möchte, findet dazu eine gute Gelegenheit im Karl-Maria-von-Weber-Museum in der Nähe von Pillnitz. Es diente dem Komponisten als Sommerhäuschen. Noch vor Wagner war Weber Sächsischer Hofkapellmeister und wurde vom Publikum für seine Messen, Chorwerke und Opern gefeiert. „Wir winden Dir den Jungfernkranz" oder „Durch die Wälder, durch die Auen" sind bestimmt auch Ihnen bekannte Melodien aus Webers „Der Freischütz". Eine Vorstellung der schaurig-schönen Oper der Felsenbühne Rathen in der Sächsischen Schweiz ist unbedingt zu empfehlen. Schippern Sie doch mit dem Dampfer von Dresden aus elbaufwärts zu dieser besonderen Opernvorstellung unter freiem Himmel – Sie werden es nicht bereuen.

Auf dem Weg nach Rathen passieren Sie übrigens auch das „Blaue Wunder" – Sie wissen schon: Die imposante Stahlbrücke, die Blasewitz und Loschwitz miteinander verbindet. Linkerhand, auf der Loschwitzer Seite unweit des Elbufers, versteckt sich ein kleines gelbes Häuschen, in dem Anfang des 19. Jahrhunderts der Klavier- und Gesangspädagoge Friedrich Wieck mit seinen Töchtern lebte. Die älteste, Clara, war bereits mit 16 Jahren eine erfolgreiche Pianistin. Ihr Vater unternahm mit ihr viele Konzertreisen, was er später sicher bereute. Bei einer dieser Gelegenheiten lernte Clara nämlich den Komponisten Robert Schumann kennen und lieben. Die beiden heirateten schließlich, sehr zum Verdruss und gegen den Willen des ehrgeizigen Vaters, der sich von seiner Tochter lossagte. Clara grämte sich darüber sehr. Aber, wie sagt man: „Es gibt nichts Gutes – außer man tut es"

Was uns zu einem weiteren berühmten Dresdner führt. Der Spruch stammt von Erich Kästner. Mit Mutter Ida und Vater Emil wuchs der kleine Erich in der Königsbrücker Straße, unweit des Albertplatzes, auf. Seine Kindheitserinnerungen beschrieb Kästner sehr bildhaft in „Als ich ein kleiner Junge war". Das Buch ist auch heute noch als Reiselektüre für Dresdenbesucher zu empfehlen. Unter anderem beschreibt Erich Kästner da den Trubel auf dem Albertplatz, den der kleine Junge wie eine Theaterbühne empfunden haben muss. Ungefähr da, wo der kleine Erich damals das Treiben auf dem Platz beobachtete, finden wir heute die Plastik des kleinen Jungen, der auf der Mauer des Erich Kästner Museums sitzt. Wenn Sie ihm über die Schulter schauen, vergessen Sie nicht, das originelle Museum hinter ihm zu besuchen! Sie werden überrascht sein.

Frischer Wind kam ins traditionelle Dresden mit Gret Palucca, die hier seit 1909 lebte. Die Tänzerin, Tanzpädagogin und Choreografin war eine der wichtigen Vertreterinnen des Ausdruckstanzes, der sich vom traditionellen Ballett weg, hin zum freien, emotionalen Tanz entwickelte und der inneren Bewegung des Körpers folgte. Bis ins hohe Alter lehrte Palucca an der nach ihr benannten Schule am Basteiplatz in Dresden.

Der bekannte US-amerikanische Schriftsteller Kurt Vonnegut geriet 1944 in deutsche Kriegsgefangenschaft und erlebte am 13. Februar ´45 die schrecklichen Luftangriffe alliierter Bomber auf Dresden. Diese Erlebnisse hinterließen einen solch starken Eindruck auf ihn, dass er sie in seinem wohl bekanntesten Roman „Slaughterhouse Five - Or the Children´s Crusade. A Duty-Dance with Death" („Schlachthof 5 oder der Kinderkreuzzug") verarbeitete. Die Schlachthofgebäude, auf die sich Vonnegut bezieht, befinden sich im Dresdner Ostragehege, unweit des Stadtzentrums. Dort treten heute deutsche und internationale Stars, wie z. B. Robbie Williams, bei Open-Air-Konzerten auf.

Mögen Sie James Bond Filme? Wenn ja, dann werden Sie sich sicher an „Goldfinger" erinnern. Der Bösewicht mit leicht sächsischem Akzent wurde vom bekannten deutschen Schauspieler Gert Fröbe dargestellt. Vor seiner Schauspielkarriere, die ihn sogar bis nach Hollywood führte, war Fröbe in Dresden auf einem anderen Gebiet künstlerisch tätig. Im Stadttheater gestaltete er die Kulissen als Theatermaler. Schon damals trug sich Fröbe wohl mit dem Gedanken, Schauspieler zu werden. Intendant Erich Ponto soll ihm bei einem Vorsprechen allerdings davon abgeraten haben mit einem dezenten Hinweis auf sein Sächsisch. Offensichtlich hat sich Fröbe davon nicht beirren lassen.

Sie sehen, Dresden war zu aller Zeit ein Aufenthaltsort berühmter Künstlerpersönlichkeiten. Natürlich sind noch viele andere Berühmtheiten mit Dresden verbunden, und Sie mögen es mir nachsehen, wenn ich nicht alle namentlich erwähne.

Eines jedenfalls steht fest: Mit Ihrer Entscheidung, Dresden einen Besuch abzustatten oder vielleicht sogar hierher zu ziehen, befinden Sie sich in erlesener Gesellschaft, und vielleicht küsst ja auch Sie hier die Muse.

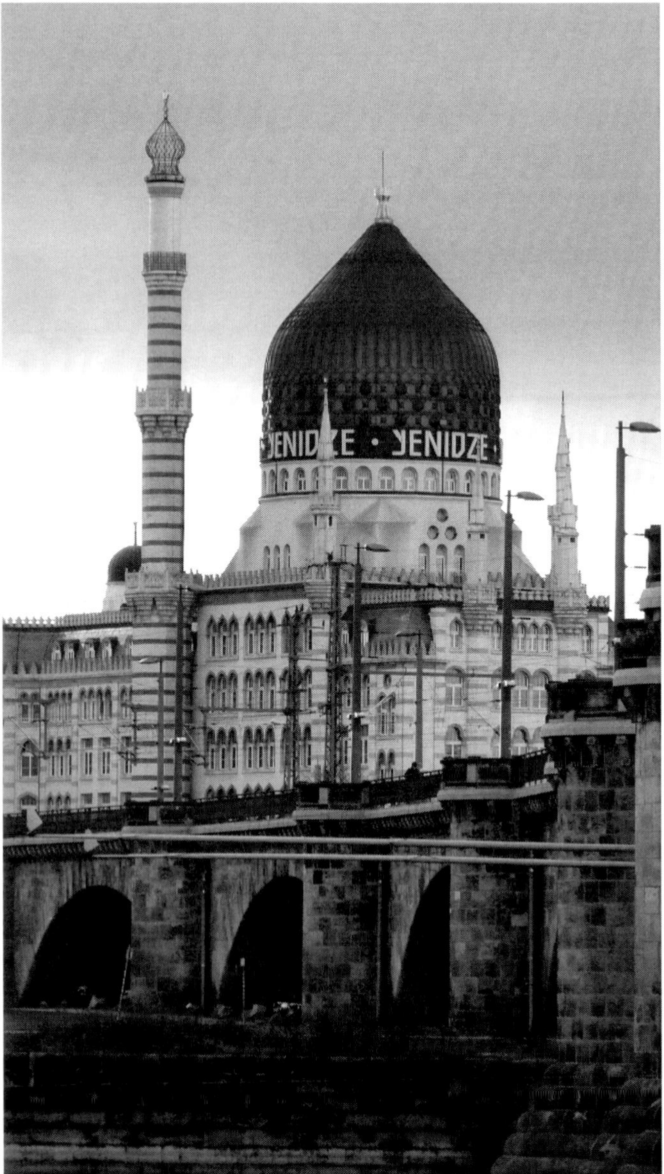
YENIDZE · YENIDZE

Ein Hauch von Orient

Zugreisende, die die Dresdner Marienbrücke überqueren, werden sich beim Blick aus dem Fenster die Augen reiben. „Habe ich da tatsächlich gerade eine Moschee gesehen?" Sie haben – nun zumindest etwas, was so aussieht, und es handelt sich nicht um eine Fata Morgana.

Nicht weit von der Elbe entfernt erhebt sich mit über sechzig Metern ein imposantes Gebäude mit einer großen orientalischen Kuppel und einem Turm, der einem Minarett ähnelt. Im barocken Dresden überrascht solche Architektur. Aber vielleicht war das ja gerade die Absicht von Hugo Ziets, als er sich entschloss, 1908 seine Tabakfabrik in Dresden zu errichten. Sie haben richtig gelesen. Hinter den orientalischen Mauern wurde Anfang des 20. Jahrhunderts Tabak verarbeitet und gelagert. Damals gab es eine Verordnung der Stadt, dass Fabriken im unmittelbaren Stadtzentrum nicht als solche erkennbar sein sollten. Also entschied sich der Unternehmer für diese phantasievolle Gestaltung. Die bunte Glaskuppel beherbergte das Tabakkontor, und das „Minarett" entpuppt sich beim näheren Hinschauen als getarnter Schornstein.

Sie können sich sicher vorstellen, dass diese „neumodische" Architektur um 1900 bei den Dresdnern auf wenig Gegenliebe stieß. Aber wie wir bereits an anderen Beispielen gesehen haben, gewöhnen sich die Elbestädter mit der Zeit an vieles – und so auch an ihre „Yenidze". Heute beherbergt das Gebäude Büroräume. In der Kuppel können Besucher regelmäßig „Geschichten aus tausend und einer Nacht" lauschen.

Die Tabakfabrik blieb nicht das einzige architektonische Experiment in der sächsischen Landeshauptstadt. Man könnte sogar sagen, dass Dresden Vorreiter in der modernen Architektur war.

Hier entstand das erste Kugelhaus der Welt. Mit einem Durchmesser von ca. 24 Metern war das Gebäude 1928 die Attraktion bei der Dresdner Jahresschau „Die Technische Stadt" im Großen Garten. Die sechs Etagen der Kugel waren mit einem Aufzug verbunden. Besonders praktisch muss das Häuschen nicht gewesen sein. Wo sollte man an den gekrümmten Wänden die Möbel aufstellen? Aber das Kugelhaus war wohl eher ein Kunstobjekt. Leider wurde es 10 Jahre später abgerissen, da sich kein Käufer fand. Außerdem beschimpften die Nationalsozialisten das Bauwerk von Peter Birkenholz als „entartete Technik".

Doch was gut ist, kommt wieder. Heute besitzt die Landeshauptstadt wieder ein Kugelhaus, wenn auch an anderem Ort und mit etwas anderer Form. Wenn Sie am Dresdner Hauptbahnhof aussteigen und auf den Wiener Platz, den Bahnhofsvorplatz, hinaustreten, dann sollte Ihnen die Kugelform auffallen, die in moderne Architektur eingefasst ist.

Einige hundert Meter weiter, die Prager Straße entlang, wartet das nächste runde Gebäude. 1972 fertig gestellt, diente das „Rundkino" mit fünfzig Metern Durchmesser zu DDR-Zeiten nicht nur als Filmtheater, sondern auch als Festsaal für gesellschaftliche Ereignisse. So wurde hier die „Jugendweihe" gefeiert, eine Art Aufnahme in die Erwachsenenwelt, die kurioserweise auch nach der Wende wieder auflebte, wenn auch ohne den einstmals politischen Hintergrund.

Auch die Übergabe des Personalausweises an die jugendlichen Staatsbürger war den politischen Funktionären eine Feierstunde im Rundkino wert.

Nach 1990 erlebte das „Filmtheater Prager Straße" – so die offizielle Bezeichnung – noch einige Sternstunden. So flanierte die ehemalige DDR-Eisprinzessin Katharina Witt zur Premiere ihres Filmes „Carmen" über den roten Teppich ins Rundkino. Auch der beliebte Dresdner Kabarettist und Schauspieler Wolfgang Stumpf kam zur Präsentation des Films „Go Trabi Go – Die Sachsen kommen" in das runde Filmtheater.

Heute muss man das Rundkino fast suchen, so zugebaut ist es mittlerweile von neuen Bauten auf und an der Prager Straße.

In unmittelbarer Nähe erhebt sich der riesige Glaskörper des „Kristallpalasts" einem neuen UFA-Kino, das kurz vor der Jahrtausendwende entstand. Die Verbindung aus Glas und Aluminium des asymmetrischen Kinoblocks brachte zumindest eine neue Note in die Umgebung ehemaliger DDR-Neubauten.

Setzen wir uns in eine der modernen gelben Straßenbahnen der Dresdner Verkehrsbetriebe und fahren vom UFA-Palast zwei Haltestellen weiter Richtung Elbe. Direkt an der neuen Dresdner Synagoge steigen wir aus. Dort, wo vor ihrer Zerstörung durch die Nationalsozialisten die alte Synagoge Gottfried Sempers stand, überrascht heute ein moderner Bau den Besucher. 2002 wurde dieser neben der Mediathek in Lyon als beste europäische Architektur ausgezeichnet. Die Würfelform, die in sich in Gebetsrichtung nach Osten gedreht ist, orientiert sich an den ersten Tempeln der Israeliten. Die unmittelbare Nähe zu Straße und Straßenbahnlinien ist bewusst gewählt. Das Gotteshaus soll inmitten der vorbeiziehenden Verkehrsströme ein Ort der Ruhe und Besinnung sein. Führungen durch den neuen Bau und die Geschichte der Dresdner Jüdischen Gemeinde sind nach einer vorherigen Anmeldung möglich.

Die Weihe der Synagoge 2001 fand ein großes öffentliches Interesse. Neben Vertretern aus Bundes- und Landespolitik und der Kirche war z.B. auch der bekannte Schauspieler Maximilian Schell angereist, der sich von dem Neubau beeindruckt zeigte.

Neue Ideen in der Architektur setzten sich nicht erst nach 1989 in der Elbmetropole durch. Den Beweis liefert ein kleiner Ausflug in den Norden Dresdens, nach Hellerau, wo übrigens auch die Innenausstattung der neuen Dresdner Synagoge gefertigt wurde.

Man bezeichnet Hellerau auch gern als „erste deutsche Gartenstadt". Nun ja – wenn man es genau nimmt, war Hellerau keine eigenständige Stadt und ist heute ein Stadtteil Dresdens. Das tut der Bedeutung Helleraus aber keinen Abbruch. Ab 1909 entstanden hier die „Deutschen Werkstätten für Handwerkskunst" mit dazugehöriger Arbeitersiedlung. Anders als die engen ungesunden Arbeiterwohnungen in der Stadt, wuchsen hier entlang der Siedlungsstraße „Am grünen Zipfel" kleine malerische Häuschen in angenehmer Umgebung. In den Werkstätten wurden Möbel gefertigt, die modernes Design und einen hohen Gebrauchswert in sich vereinen. Diese Tradition setzten heute die „Deutschen Werkstätten Hellerau" fort.

Auch das Festspielhaus in Hellerau machte von sich reden. Der große Saal des Gebäudes wurde auch als „Experimentierbühne Europas" bezeichnet, da hier erstmals Bühne und Zuschauerraum nicht mehr von einander getrennt waren. Der Schweizer Tanzpädagoge Emile Jaques Dalcroze, geistiger Vater des rhythmischen Tanzes, wirkte in Hellerau und verhalf dem Ort durch zahlreiche Festspielaufführungen zum Titel „Sächsisches Bayreuth".

Sie sehen, Dresden hat neben seinem beeindruckenden barocken Stadtzentrum einige interessante architektonische Besonderheiten zu bieten. Auch wenn es, wie wir wissen, neue Ideen in Elbflorenz immer etwas schwerer haben als anderswo, bleibt die Zeit auch hier nicht stehen, und wer weiß, welche Überraschungen in Zukunft noch auf uns warten.

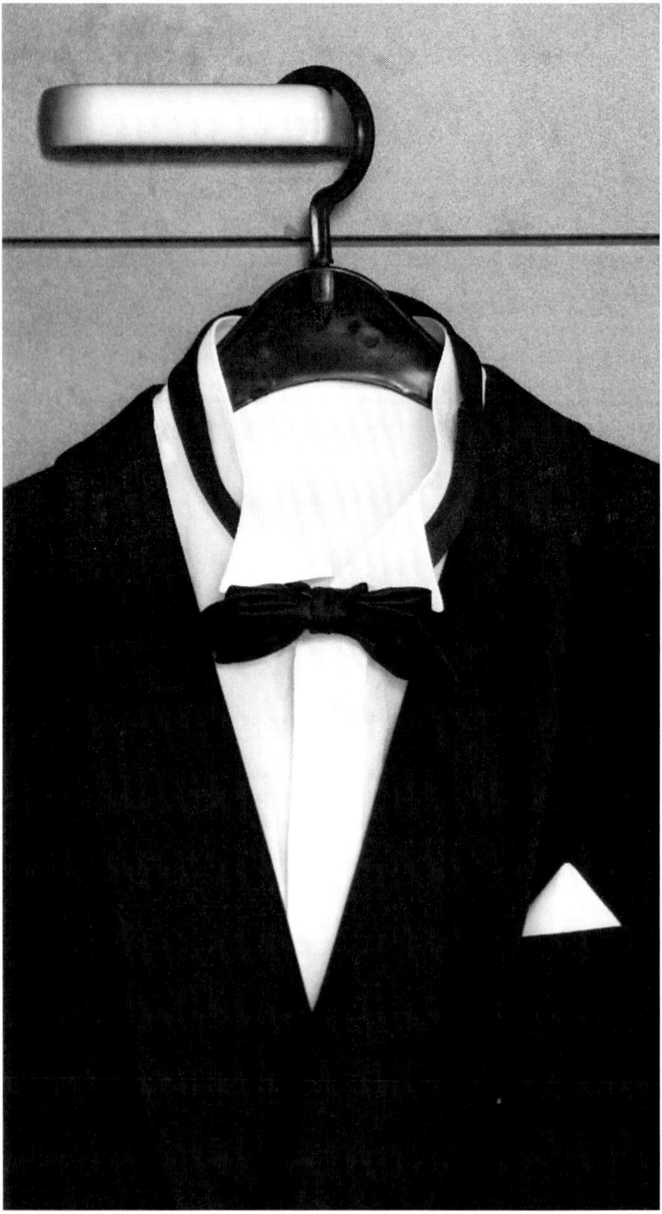

Darf ich bitten?

Ganz in der Tradition ihres Kurfürsten August des Starken verstehen es die Dresdner heute noch, rauschende Feste zu feiern. Passend zu jeder Jahreszeit und jedem Anlass, hält der Veranstaltungskalender einiges bereit.

An erster Stelle im Jahr steht seit kurzem wieder der „Dresdner Semperopernball" – für die Dresdner endlich eine Möglichkeit, einen Hauch der großen Welt in die Elbestadt zu bringen. Zwar wird der direkte Vergleich zum großen Wiener Opernball noch etwas gescheut, aber mit jedem weiteren Jahr wächst das Selbstbewusstsein. Immerhin komponierte der Wiener Walzerkönig Johann Strauß einen Walzer, dem er den Namen „An der Elbe" gab. Warum, das ist bis heute ungeklärt. Ob er vielleicht wusste, dass auch Dresden einst einen eigenen rauschenden Opernball haben würde? Nun – den Dresdnern kann es nur recht sein. Auf diese Weise rückt der Semperopernball ein Stück weiter in die Nähe seines großen Wiener Vorbildes. „An der Elbe" gehört auf jedem Fall zum festen Repertoire des Balls.

In der deutschen und internationalen Promiwelt hat sich das kulturelle Ereignis bereits herumgesprochen, und so lesen wir auf der Gästeliste mittlerweile Namen wie Armin Mueller Stahl, Kurt Masur, Udo Jürgens, Roberto Blanco, Franz Beckenbauer, Henry Maske, Marietta Slomka u.a. Auch das Künstlerensemble ist jedes Mal hochkarätig besetzt.

Den Höhepunkt beim Ball bildet, wie auch in Wien, der Tanz der Debütanten und Debütantinnen. Junge Dresdnerinnen und Dresdner bereiten sich in verschiedenen Tanzschulen der Stadt lange auf dieses Ereignis vor. Und wenn dann aus dem umstehenden Publikum ein „Aaah" geseufzt wird, wissen die jungen Tänzer, dass sich die Mühe gelohnt hat.

Wochen vor dem Opernball ist es schier unmöglich, in Dresden irgendwo noch einen Smoking oder Frack auszuleihen, denn beim Ball gilt eine feste Garderobenordnung. Auch bei den Damenfriseuren dominieren Fragen wie: „Was ziehe ich an?" und „Wer wird wohl diesmal an Prominenz da sein?" die Gespräche.

Trotz stolzer Preise für die Eintrittskarten zum Opernball findet das Ereignis übrigens einen großen Zuspruch bei den Dresdnern, denn wer sich keine Karte leisten kann oder keine mehr bekommen hat, feiert einfach vor der Oper auf dem Theaterplatz mit. Über eine Videoleinwand können alle den Ball mitverfolgen, und wenn drinnen aufgespielt wird, schwingen draußen „die Muddie un der Papa" ebenfalls das Tanzbein, nicht im Smoking und im Abendkleid, sondern in Mantel und Fellmütze. Im Januar kann es ja so kalt sein.

Wesentlich wärmer ist es da schon Ende Juni, wenn zahlreiche Dresdner und deren Gäste zum „Dresdner Elbhangfest" strömen. Zwischen „Blauem Wunder" und Pillnitz erstreckt sich dann entlang der Pillnitzer Landstraße ein sehenswertes Volksfest mit unzähligen kulinarischen Spezialitäten, wie sächsischem Wein, Zwiebelkuchen, Bratwurst aber auch verschiedenen künstlerischen Darbietungen von Wandertheatern, Malern oder Musikanten.

Das Elbhangfest ist besonders beliebt für einen Familienausflug mit „Kind und Kegel".

Für die Anwohner der Pillnitzer Landstraße bedeutet das Fest immer eine gewisse Einschränkung, da Autoverkehr in dieser Zeit nicht zugelassen ist. Aber man macht aus der Not eine Tugend. Entweder wird der Urlaub auf diese Zeit gelegt oder man beteiligt sich selbst am Trubel, in dem z.B. die Kinder selbstgebastelte Kunstwerke anbieten.

Ähnlich beliebt ist seit ein paar Jahren das Dresdner Stadtfest im August. Auf beiden Seiten der Elbe locken thematisch gestaltete „Partyareale" und verschiedene Stadtfestbühnen. Wenn Sie mutig sind und sich die Mühe machen wollen, Ihre Sächsischkenntnisse zu verbessern, dann lauschen Sie einem der Comedyprogramme in sächsischer Mundart.

Zum Stadtfest mischt sich übrigens auch unser berühmter Kurfürst in prächtigen Gewändern unter das feiernde Volk. Nutzen Sie doch die Gelegenheit für einen Disput mit ihm über die Residenzstadt. Wenn nicht, sollte wenigstens ein gemeinsames Foto mit dem starken August herausspringen.

Schließlich erwacht beim Stadtfest auch der Fürstenzug zum Leben und zieht zu Pferd und zu Fuß mit eindrucksvollen Kostümen durch die Innenstadt. Rechtzeitiges Erscheinen sichert die besten Aussichtsplätze.

Dresden ist nicht nur die Landeshauptstadt des Freistaates Sachsen, sondern auch jedes Jahr im Mai die Hauptstadt des „Dixieland". Bereits zu DDR-Zeiten gehörte das „Dixielandfestival" zu den festen Programmpunkten im Kalender von Jazzbands und -fans aus aller Welt. Neben vielen verschiedenen Konzerten und „Jazzsessions" unter freiem Himmel ist der Umzug aller teilnehmenden Musiker entlang des Terrassenufers mittlerweile zum „Pflichtprogramm" für viele Landehauptstädter und Gäste geworden. Die ausgelassene Stimmung wird sicher auch Sie anstecken.

Etwas später, zu Pfingsten, wird die ganze Stadt jedes Jahr zu einer Konzertbühne von internationalem Rang. Die Dresdner Musikfestspiele locken einige der weltweit bedeutendsten Künstler in die Stadt. Spielstätten sind dann unter anderem die Semperoper, das Residenzschloss oder die Frauenkirche. Aber auch die Treppen zur Brühlschen Terrasse wurden schon oft zu einer großen Bühne für ein gemeinsames Konzert verschiedener Chöre. In jedem Fall empfiehlt es sich, rechtzeitig Tickets für die beliebten Veranstaltungen zu bestellen – sie sind schnell ausverkauft.

Anders als viele Städte am Rhein, zählt die Elbmetropole nicht gerade zu den Karnevalhochburgen. Aber auch die Dresdner verkleiden sich gern und wenn, dann mit Stil und Charme. Ganz im Stil der zwanziger Jahre trifft sich zum Beispiel eine mittlerweile verschworene Gemeinschaft regelmäßig zur „Prohibitionsparty". Damen mit ellenlangen Federboas, Straußenfedern am Hut und langen schwarzen Handschuhen amüsieren sich in verrauchten Separees mit eleganten Herren in Gamaschen und weißen Schals. Mit näselndem Tenor trällert der Sänger einer Kapelle „Ich hab dir einen Blumentopf, nen Blumentopf bestellt.." In einem Hinterzimmer, getarnt als Leseclub, frönt man dem verbotenen Glücksspiel. Wer möchte, legt einen flotten Charleston aufs Parkett. Wie wäre es? Lust bekommen?

Stellen Sie sich folgendes vor: Sie sitzen im Kino, schauen sich einen Film an und genießen gleichzeitig die einzigartige nächtliche Silhouette Dresdens mit dem angestrahlten Dresdner Schloss, der Hof- und der

Frauenkirche. Wie das möglich sein soll? Ganz einfach: Sie besuchen die Dresdner Filmnächte am Elbufer. Dieses besondere Openair - Kino ist mittlerweile zu einer festen Instanz im sommerlichen Festprogramm Dresdens geworden. Neben Filmklassikern und neuen Produktionen locken auch Lifekonzerte mit Stars wie Lionel Richie oder Udo Lindenberg zu den Filmnächten.

Gleich gegenüber auf der anderen Elbseite befindet sich eine Dampferanlegestelle. Von hier aus möchte ich Sie gern ein Stück elbabwärts mitnehmen in Richtung Radebeul. Alle Winnetou- und Old Shatterhand- Fans kommen dort einmal im Jahr bei den Karl-May-Festtagen auf ihre Kosten. Mit Reitmöglichkeiten, Bogenschießen oder Schminktips für eine richtige Kriegsbemalung ist das Fest besonders bei jungen Familien beliebt.

Soweit eine kleine Auswahl an Feierlichkeiten und Festen im Elbtal. Sind Sie neugierig geworden? Schön!

utsche Demokratische
Republik
DDR
FÜHRE
PERMIS
DEUTSCHE
DEMOKRATISCHE REPUBLIK
REISEPASS

Tal der Ahnungslosen

Ist Ihnen auch schon einmal aufgefallen, dass in Comedysendungen Ostdeutsche meistens sächsisch sprechen? Dabei existiert in den neuen Bundesländern ein weites Spektrum an verschiedenen Akzenten und Mundarten. Die Hauptschuld daran trägt wohl unter anderem der ehemalige DDR-Staatschef Walter Ulbricht, der mit seinem sächsischen Singsang bei Generationen im Westen das Bild des Ostdeutschen geprägt hat.

Nun - ein Fünkchen Wahrheit steckt in diesem Vorurteil sicher auch. In der Tat war Sachsen, insbesondere der damalige Kreis Dresden, besonders „empfänglich" für die Ostberliner Propaganda. Das lag weniger an politischen Überzeugungen, als vielmehr an den geografischen Gegebenheiten der Sachsenmetropole. Sämtliche elektronischen Rundfunksignale des „Klassenfeindes" rauschten quasi über das Elbtal hinweg. Und so blieben hier die beiden Ostfernsehprogramme DDR 1 und DDR 2 nahezu konkurrenzlos bei der Gestaltung des abendlichen Dresdner Fernsehprogramms. Als Ergebnis erfreute sich sämtliche DDR-Fernsehprominenz in Dresden besonderer Bekannt- und Beliebtheit, während in anderen „westfernsehtauglichen Landesteilen" die Frage nach bestimmten Ostkünstlern lediglich ein Achselzucken hervorrief.

Diese fernsehtechnischen Besonderheiten brachten uns schließlich den Titel „Tal der Ahnungslosen" ein – sehr zu Unrecht, denn findig, wie die Dresdner sind, erschlossen sich die Bewohner andere Quellen der Informationsbeschaffung.

Wer heute noch Spuren der DDR-Vergangenheit in Dresden entdecken möchte, muss schon ein bisschen suchen. Es gibt sie aber noch.

Mitten im Stadtzentrum, gleich gegenüber dem neugestalteten Altmarkt, fällt ein Stück DDR-Architektur ins Auge - der Dresdner Kulturpalast. Nicht zu verleugnen ist eine gewisse Ähnlichkeit zum ehemaligen Palast der Republik in Berlin, wenn auch mit bescheideneren Ausmaßen. Fast verschämt versteckt sich an einer Seite des Kulturpalastes ein großes Wandbild typischer sozialistischer monumentaler Kunst hinter einem Netz. Der aufmerksame Beobachter fragt sich zwangsläufig, ob das Netz zum Schutz vor Witterungseinflüssen oder zum Schutz vor Blicken angebracht wurde. Über den Verbleib des Kulturpalastes in der Landeshauptstadt wird immer wieder heftig diskutiert. Fest steht, dass das Haus eine ausgezeichnete Akustik für zahlreiche Konzerte bietet. Viele Dresdner würden „ihren Kulturpalast" sicher vermissen.

Setzen wir uns in eine der großen gelben Straßenbahnen, die vor dem Kulturpalast halten und fahren ein Stück stadtauswärts in östliche Richtung. Dabei passieren wir auf der Bautzner Straße den ehemaligen Sitz der Staatssicherheit in Dresden. Die grauen Mauern entlang des Grundstückes trugen kurz nach der politischen Wende zahlreiche bunte Aufschriften, wie „Stasi Raus". Als sich die Veränderungen in der ehemaligen DDR ankündigten, waren Stasimitarbeiter hier eifrig damit beschäftig, Akten verschwinden zu lassen. Beherzte Dresdner konnten durch die Besetzung der Gebäude noch einen Teil retten.

Doch nicht nur die Stasi war in Dresden besonders aktiv, auch der sowjetische Geheimdienst KGB schickte seine Mitarbeiter an die Elbe. Einer von ihnen sollte später gar zum Präsidenten Russlands werden. Ein gewisser Vladimir Putin verbrachte einige Jahre als KGB-Offizier in Dresden. Über seine Aufgaben während dieser Zeit gibt es immer noch wilde Spekulationen. Aber nichts Genaues weiß man nicht.

Um so überraschter waren die Dresdner, als Vladimir Putin anlässlich des Semperopernballs 2009 vom Ministerpräsidenten den sächsischen Dankesorden überreicht bekam. In der Laudatio erfuhren die Gäste, dass sich der Ausgezeichnete um die Rettung Dresdner Kulturgüter verdient gemacht hat. Der Dankesorden zeigt übrigens den heiligen Georg in Rüstung auf seinem Pferd und zu dessen Füßen einen Drachen – Symbol für den Kampf des Guten gegen das Böse. Darunter steht in geschwungener Schrift „Adverso Flumine" – „Gegen den Strom". Ein Schelm, wer Schlimmes dabei denkt.

Amüsant las sich übrigens auch ein Zeitungsinterview, in dem Putins Frau später darüber plauderte, dass ihr Mann dem Essen in Dresden sehr zugetan war und besonders das Bier hier mochte.

Beispiele aus dem ganz normalen DDR-Alltag finden Sie auch heute noch in verschiedensten Formen. Während sich die meisten Dresdner nach der Wende verständlicherweise an den „Segnungen" der westlichen Konsumwelt erfreuten, wurden Gebrauchsgegenstände oder politische Symbole aus DDR-Zeiten „verbannt" oder taugten höchstens noch als Souvenir. Mittlerweile gibt es aber wieder ein reges Interesse daran, wie man in Ostdeutschland lebte. Die Gründe dafür sind sicher verschieden und reichen von „echter Ostalgie" bis hin zu einem amüsanten Blick darauf, wie der sozialistische Alltag hierzulande aussah.

So haben tatsächlich einige originelle „Zeitzeugen" auf Dachböden, in Garagen oder Kellern überlebt und sind nicht dem Sperrmüll zum Opfer gefallen. Heute haben sie ihren Platz in zwei Ausstellungen gefunden, die vor den Toren der Stadt Besucher anlocken: das „DDR Museum Pirna" und das „DDR Museum Zeitreise" in Radebeul. Von der Hellerauschrankwand über den SED-Wimpel bis zum Trabant können Sie hier DDR noch einmal hautnah erleben.

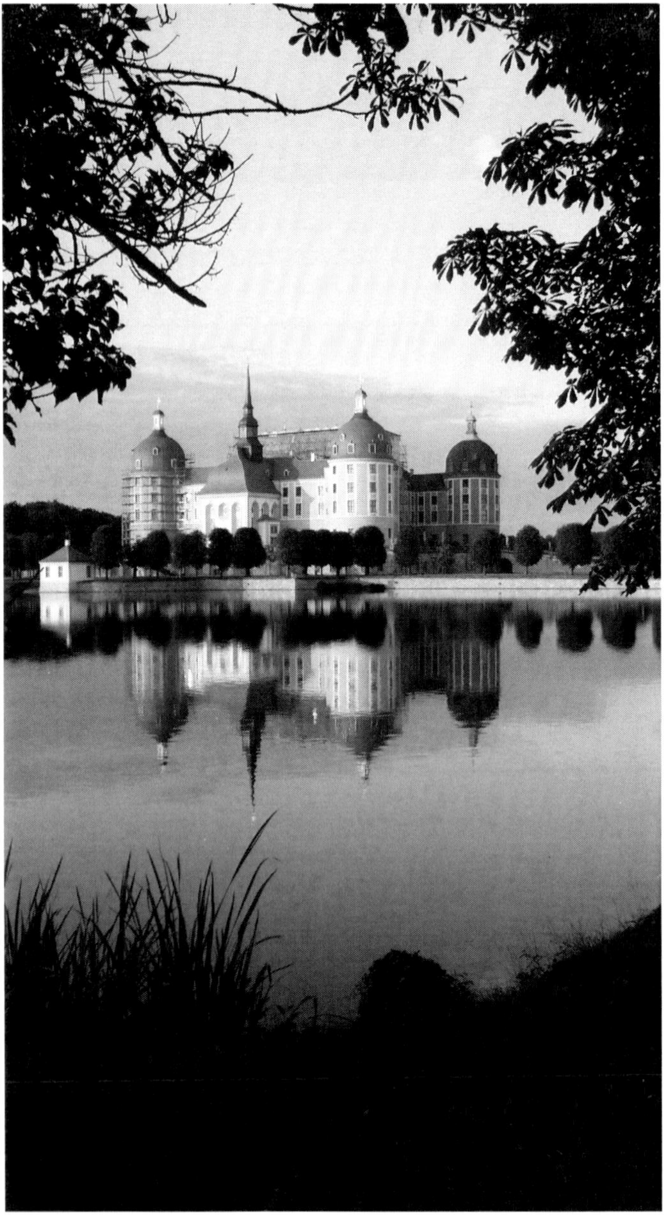

Speckgürtel

Elegant steigt Aschenbrödel von ihrem Pferd Nikolaus. Gerade noch rechtzeitig hat sie es zum großen Ball des Prinzen geschafft und die Arbeiten erledigt, die ihr die fiese Stiefmutter aufgetragen hat. Sie bindet das Pferd am Treppengeländer des Königsschlosses fest und zögert noch. „Was meinst du Nikolaus, soll ich wirklich zum Ball gehen?" Nikolaus schnaubt ihr aufmunternd zu und Aschenbrödel hüpft leichtfüßig die Treppe zum Thronsaal hinauf, ihrem Glück entgegen.

Die Treppe gehört zu Schloss Moritzburg, einem der Schauplätze für die wohl schönste Verfilmung des bekannten Märchens. Die tschechisch-deutsche Koproduktion „Drei Haselnüsse für Aschenbrödel" von 1973 verzaubert jährlich zur Weihnachtszeit Generationen von Zuschauern in aller Welt. Der bekannte Dresdner Schauspieler Rolf Hoppe übernahm in der Verfilmung die Rolle des Königs.

Nun – das Jagdschloss Moritzburg verzaubert nicht nur in Märchenfilmen und sollte unbedingt auch auf ihrem Ausflugsplan stehen, wenn Sie Dresden besuchen. Das Schloss diente unter anderem als luxuriöser „Wochenendsitz" Augusts des Starken. Hier, im Norden von Dresden, ging der Kurfürst seiner Jagdleidenschaft nach.

Ganz in der Nähe des Jagdschlosses erwartet Sie eine architektonische Besonderheit: der wohl einzige deutsche Leuchtturm im Binnenland. Er diente dem sächsischen Kurfürsten für inszenierte „Seeschlachten" auf den angrenzenden Moritzburger Teichen. Den Weg weist der Turm heute nur noch Touristen, die einen Spaziergang zum neurestaurierten Fasanenschlösschen unternehmen.

Die edlen Vögel wurden hier in der angrenzenden Fasanerie für den Verzehr am Dresdner Hof gezüchtet.

Moritzburg gehört übrigens zu einer Reihe von Ausflugszielen, die quasi einen „kulturellen Speckgürtel" um die Landeshauptstadt bilden, gut zu erreichen sind und meist in einem Atemzug mit Dresden genannt werden.

Unternehmen wir also ein kleine Rundreise um Elbflorenz!

Von Moritzburg bringt uns die Schmalspurbahn „Lößnitzdackel" nach Radebeul. Die Weinstadt war seit jeher ein beliebter Wohnort vor den Toren Dresdens. Mittlerweile kann Radebeul die größte Zahl an Millionären in den neuen Bundesländern vorweisen. Bekannte Größen aus Politik, Wirtschaft und Kunst haben ihr Domizil in die Stadt an der Elbe verlegt.

Ein berühmter Bewohner Radebeuls war der geistige Vater von Winnetou und Old Shatterhand – Karl May. Zu Lebzeiten erfreute er sich allerdings keiner so großen Beliebtheit und saß gar im Gefängnis. Auch die späteren SED - Machthaber wussten anfangs mit dem bekannten Sohn der Stadt nichts so richtig anzufangen. Aber irgendwann entdeckte man, dass sich May sehr gut gegen „harte Währung" vermarkten ließ. Das Karl May Museum erzählt auch heute noch über das literarische Schaffen Mays. Unter anderem können Besucher die berühmte „Silberbüchse" Winnetous bestaunen, die Karl May eigens anfertigen ließ, um für Fotos zu posieren.

Selbst ist Karl May nie an den Orten seiner Abenteuerromane gewesen. Umso bewundernswerter ist seine Leistung, wenn man bedenkt, dass seine Bücher das Bild von Indianern und Wildem Westen für ganze Generationen geprägt hat. Eine Ausstellung über die verschiedenen Indianerstämme Nordamerikas gehört ebenfalls zum Museum, inklusive Marterpfahl. Auf dem Friedhof in Radebeul Ost finden Sie heute das eindrucksvolle Grab Karl Mays. Bei seiner Beerdigung soll damals ein *richtiger* Indianer dabei gewesen sein.

Der alte historische Ortskern Radebeuls, Kötzschenbroda, verführt einmal jährlich beim Radebeuler Herbst- und Weinfest tausende Besucher mit seinem ganz besonderen Flair. Ein Besuch lohnt sich natürlich das ganze Jahr über. Nehmen Sie sich ein bisschen Zeit, und lassen Sie sich bei einem Gläschen Wein von den hübschen Fachwerkhäuschen etwas über die Geschichte Kötzschenbrodas erzählen!

Von hier aus sind es übrigens nur ein paar hundert Meter bis zur Elbe, die in Richtung Meißen weiterfließt. Und dort wollen auch wir als nächstes hin.

Imposant erhebt sich schon von weitem der Meißner Burgberg mit Schloss und Dom. Hier residierten bis ins 15. Jahrhundert die Markgrafen von Meißen, wie Konrad der Große, Dietrich der Bedrängte oder Friedrich der Streitbare.

Die Mönche der drei ehemaligen Klöster der Stadt widmeten sich unter anderem dem Weinanbau um Meißen. Auch heute noch sind Meißner Weine eine Besonderheit und vor allem bei den Liebhabern trockener Weißweine begehrt.

Einer der geistlichen Herren hat sich besonders in das Gedächtnis der Meißner eingeprägt: der Heilige Benno. Als Bischof zu Meißen handelte er sich großen Ärger mit Heinrich IV ein. Benno hatte Heinrich während des Sachsenkrieges um 1073 nicht unterstützt und das nahm ihm der König übel. Benno musste gehen, doch bevor er Meißen verließ, soll er den Dom abgeschlossen und den Schlüssel in die Elbe geworfen haben. Später durfte er wieder in das Bischofsamt zurückkehren. Eine Legende berichtet, dass Benno nach der Rückkehr in einen Gasthaus einen Fisch bestellte, und in dessen Inneren fand er was? Richtig – den Schlüssel zum Dom. Noch heute zeigt das Wappen des katholischen Bistums Dresden-Meißen unter anderem einen Fisch und einen Schlüssel, die sich kreuzen.

Gekreuzt sind auch zwei blaue Schwerter auf einem anderen berühmten Zeichen, mit dem die Stadt Weltrum erlangte. Es ist das Markenzeichen des Meißner Porzellans. Sie erinnern sich an die Geschichte des armen Johann Friedrich Böttger, der statt Gold Porzellan entdeckte? Dieser Entdeckung ist die Existenz der Meißner Porzellanmanufaktur zu verdanken, die hier seit 1710 das begehrte Gebrauchsgut produziert. Für den täglichen Gebrauch ist das „gute Meißner" sicher weniger geeignet, nicht zuletzt auf Grund der „etwas gehobeneren" Preisklasse. Selbst eine kleine Sammeltasse als Souvenir dürfte die Reisekasse einiger Besucher überfordern. Eine Führung in der Porzellanmanufaktur allerdings ist erschwinglich und lässt erahnen, wie aufwendig die Herstellung ist. Schauen Sie einfach einer der Porzellanmalerinnen über die Schulter und bewundern Sie deren Kunstfertigkeit!

Zum Abschluss unseres Meißenbesuches besorgen wir uns noch „Meißner Fummel". „Aha", werden Sie jetzt sagen, „auch Klamotten werden hier produziert?". Aber weit gefehlt. Bei der „Meißner Fummel" handelt es sich nicht um Bekleidung, sondern um eine kulinarische Spezialität, mit der eine kleine lustige Geschichte verbunden ist:

Der Kurfürst von Sachsen ärgerte sich schon seit langem, dass seine Post oft in ramponiertem Zustand in der Residenzstadt Dresden ankam. Er hatte den Verdacht, dass seine Boten öfters am Wegesrand pausierten und dann zu tief ins Wein- oder Bierglas guckten. Als Folge fielen sie vom Pferd und beschädigten die Post. Doch wie sollte er dies den Postreitern nachweisen? Die Lösung fand er in einem feinen, leicht zerbrechlichen Backwerk, eben der „Meißner Fummel", welche die Boten unzerstört zusammen mit der Post am Bestimmungsort abgeben mussten.

Das zweckentfremdete Lebensmittel können Sie immer noch bei einem Meißner Bäcker erwerben. Einen besonderen Nährwert hat die Gebäckkugel aus Nudelteig mit ca. 30 cm Durchmesser nicht. Manch argwöhnische Ehefrau soll auch heute noch ihrem Angetrauten den Auftrag geben, von seiner „hochprozentigen Herrentagstour" aus Meißen eine „Fummel" zur Kontrolle mitzubringen.

Unsere Tour führt uns wieder elbaufwärts. Vorbei an der sächsischen Landeshauptstadt fährt der Dampfer durch malerische Elbauen, bis wir zwischen den Bäumen die Türmchen von Schloss Pillnitz erspähen.

Dass das imposante Bauwerk einen „fremdländischen" Eindruck vermittelt, ist kein Zufall. Zur Zeit unseres „starken" Kurfürsten August galt es als unheimlich chic, einen Hauch von Fernost in den eigenen Lebensstil einzubauen. Das betraf nicht nur die Kleidung, sondern auch die Architektur. Das Pillnitzer Wasserpalais wurde also mit orientalischen und asiatischen Elementen versehen.

Besonders die Dächer des Schlosses erinnern an chinesische Teehäuschen.

Über die Stufen der eigenen Anlegestelle an der Elbe gelangte die Dresdner höfische Gesellschaft in das Lustschloss. Unsere Bekannte, die Gräfin Cosel, veranstaltete hier rauschende Feste, nach dem der Kurfürst ihr das Schlösschen zum Geschenk gemacht hatte. Später wurde es ihr wieder weggenommen, aus verständlichen Gründen, wie wir ja inzwischen wissen.

Bei einem Besuch sollten Sie unbedingt auch einen Spaziergang im Schlosspark einplanen, der einige interessante botanische Besonderheiten zu bieten hat. Seit über 200 Jahren ist hier eine Kamelie zu Hause, die zu den ältesten ihrer Art in Europa zählt. Das „zu Hause" können Sie durchaus wörtlich nehmen, denn der verwöhnte Baum besitzt tatsächlich ein eigenes Glashaus auf Schienen, das im Winter über die betagte Pflanze geschoben wird.

Wir schließen den „Speckgürtel" um Dresden mit einem kurzen Abstecher weiter elbaufwärts in die „Sächsische Schweiz". In der Tat soll im 18. Jahrhundert dieser reizvolle Landstrich seinen Namen von zwei Schweizer Künstlern erhalten haben, die sich im Elbsandsteingebirge sehr heimisch fühlten.

Nachdem unser Dampfschiff im Kurort Rathen angelegt hat, empfehle ich eine kleine Wanderung, um die Gegend zu erkunden. Wenn ihnen beim Spaziergang durch die romantischen Sandsteinschluchten Hänsel und Gretel, die Hexe Babajaga, Winnetou oder Ronja Räubertochter begegnen sollten, dann wundern Sie sich nicht. Wahrscheinlich sind Sie dann mitten in eine Vorstellung der Felsenbühne Rathen geraten. Die Naturbühne ist ein beliebtes Ausflugsziel. Nur wenige Meter weiter schlängelt sich der Amselsee durch das Gebirge – ideal zum Entspannen in einem Ruderboot.

Weniger entspannend dürfte der Aufenthalt für die unfreiwilligen Besucher der Festung Königstein gewesen sein, die im 16. Jahrhundert auf dem Felsplateau hoch über der Elbe einquartiert wurden. August der Starke ließ hierher unbequem gewordene Landsleute bringen, die von hier meist nie zurückkehrten. Das sollte Sie aber nicht davon abhalten, den etwas steilen Weg zur Festung zu erklimmen. Als Belohnung wartet auf Sie ein einzigartiger Blick über das Elbsandsteingebirge entlang der Elbe bis ins ferne Dresden. Und dahin kehren auch wir jetzt wieder zurück.

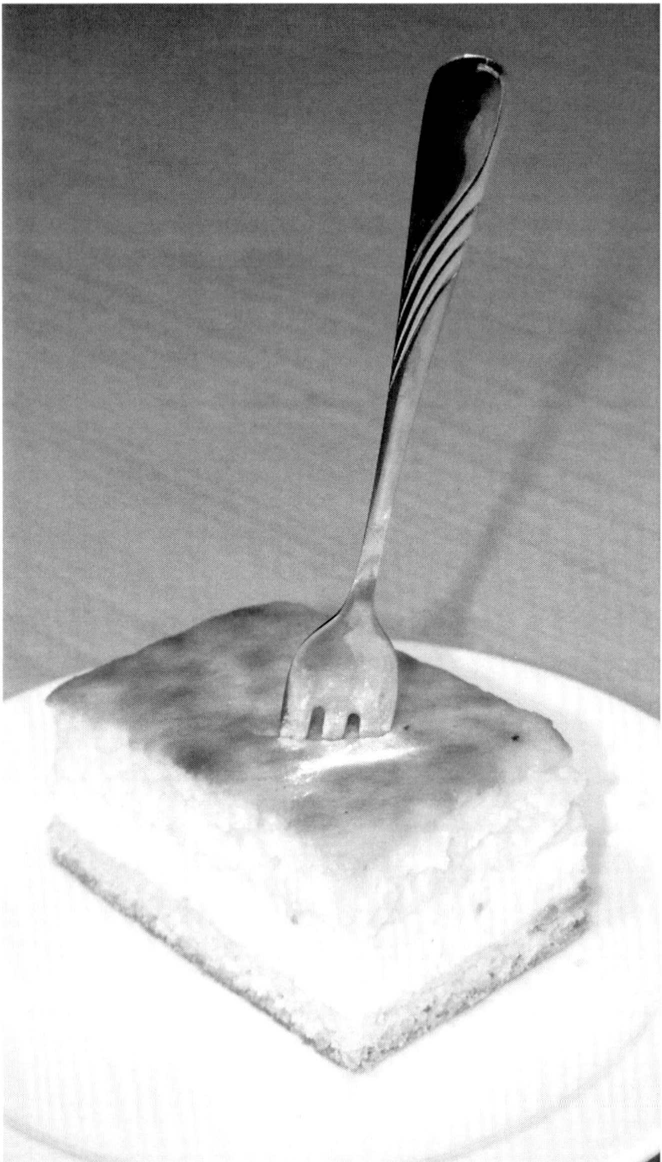

Alles in Butter

Liebe geht bekanntlich durch den Magen. Deshalb kommen auch alle, die Dresden richtig kennen lernen wollen um einige kulinarische Besonderheiten der Elbestadt nicht herum.

An einem Wintertag des Jahres 1491 trifft in Dresden ein lang erwartetes Schreiben aus Rom ein. Papst Innozenz VIII persönlich hat das Schreiben verfasst, das als „Butterbrief" in die sächsische Backgeschichte eingehen sollte. Darin erlaubt Innozenz, für das beliebte Weihnachtsgebäck, den Christstollen, künftig richtige Butter statt Öl als Zutat zu verwenden. Bis dahin war in der Fastenzeit die Verwendung von Butter und Milch für Christen verboten, und der Stollen wurde mit Hafer, Wasser und Öl zubereitet, was wohl einen recht faden Geschmack zur Folge hatte. Ganz umsonst bekamen die Sachsen die Genehmigung allerdings nicht. Für den „Butterbrief" verlangte Innozenz ein „Bußgeld", das dem Bau des Freiberger Domes zugute kommen sollte.

Wie dem auch sei, der Entscheidung von Papst Innozenz ist es zu verdanken, dass wir jedes Jahr in der Weihnachtszeit das wohl bekannteste und schmackhafteste Weihnachtsgebäck Deutschlands genießen können. Zwar galt der „Butterbrief" eigentlich nur für den Fürsten und seine Bäckereien, aber glücklicherweise wurde das damals nicht zu eng gesehen. Und so erfreuten sich auch Generationen von Untertanen an dem köstlichen Gebäck.

Der Dresdner Christstollen, auch „Striezel" genannt, hat eine längliche ovale Form, die an das Christkind erinnern soll. Im schweren Hefeteig sind neben Trockenfrüchten, wie Rosinen, Sultaninen und Korinthen ca. drei Kilogramm Butter enthalten. Den Figurbewussten unter Ihnen wird bei dieser Zahl sicher ein kalter Schauer den Rücken hinablaufen. Aber seien Sie versichert, der einzigartige Geschmack wird Ihr schlechtes Gewissen im Nu hinweg blasen.

Die genauen Rezepturen sind geheim und werden von den Bäckerfamilien gehütet wie ein Schatz. Nur eine begrenzte Zahl von Bäckereien im Raum Dresden darf nach regelmäßiger Prüfung auf ihre Verpackungen das Originalsigel des Dresdner Christstollens prägen. Dafür sorgt unter anderem der Schutzverband Dresdner Stollen e.V. Obwohl es der Christstollen eigentlich gar nicht nötig hätte, wird deutschland- und weltweit für das Backwerk geworben. Dazu ist jedes Jahr das „Stollenmädchen" unterwegs, eine junge Frau aus dem Backgewerbe, die auf Grund ihrer besonderen Leistungen zur Botschafterin für den Stollen gekürt wird. Sie tritt unter anderem beim jährlichen Stollenfest auf. Dort wird ein Riesenstollen präsentiert und später an die Besucher des Festes verteilt. Fast 100 Bäckereien sind an der Herstellung des fast fünf Meter langen Backwerks beteiligt. Bereits seit 1560 erhielt der sächsische Kurfürst von seinen Bäckern zur Weihnachtszeit einen 1,50 m langen Weihnachtsstollen.

Schon manches „hinzugereiste" Backunternehmen hat versucht, das Original zu kopieren – mit mäßigem Erfolg. Original ist eben Original. Am besten, Sie überzeugen sich selbst davon.

Gelegenheit dafür bietet sich übrigens bei einem Besuch auf dem „Dresdner Striezelmarkt", dem ältesten Weihnachtsmarkt Deutschlands, wie die Dresdner fest behaupten. Diesen Titel beanspruchen immer wieder auch andere Weihnachtsmärkte, wie etwa der Nürnberger

Christkindlesmarkt. Ob nun ältester Markt oder nicht, ein Besuch gehört fast zum Pflichtprogramm, wenn Sie in der Adventszeit in Dresden unterwegs sind.

Auf dem Striezelmarkt begegnet Ihnen noch eine andere kulinarische Spezialität Dresdens: der Pflaumentoffel. Der Toffel ist ein kleines essbares Männchen aus Backpflaumen. Seinen Kopf schmückt ein Zylinder, um die Schultern trägt es einen Umhang aus goldener Alufolie und in der rechten Hand hält das Backpflaumenmännchen eine kleine Leiter. Erinnert Sie dieses Bild an etwas? Richtig – an einen Schornsteinfeger. Die Tradition, Pflaumentoffel als Süßigkeit zur Weihnachtszeit herzustellen, geht bis in die Mitte des 17. Jahrhunderts zurück. Auch wenn der Toffel Generationen von Kindern Freude bereitet hat, hört sich die Geschichte seiner Entstehung aus heutiger Sicht eher traurig an.

Das historische Vorbild des Toffels bezieht sich nämlich auf kleine Waisenjungen, die in dieser Zeit als Essenkehrer arbeiten mussten, und das mit Zustimmung des sächsischen Kurfürsten. Die Kleinen mussten in die Schornsteine der Dresdner Häuser kriechen und diese von innen reinigen. Diese Zeit der Kinderarbeit ist glücklicherweise vorbei.

Wenn Sie ein Pflaumentoffel von einem der zahlreichen Verkaufsstände auf dem Striezelmarkt anlächelt, dann nehmen Sie ihn einfach mit! Sie wissen ja: „Schornsteinfeger bringen Glück", und ein nettes Mitbringsel für Freunde ist es auch.

Nicht Pflaumen sondern vor allem Eier gehören zu den Hauptzutaten unserer nächsten Dresdner Spezialität. Besucher schwärmen immer wieder davon und für regelmäßige Dresden-Reisende gehört sie zu jedem Besuch einfach dazu. Die „Dresdner Eierschecke" besteht vor allem aus cremig gerührtem Eigelb, Butter, Zucker, Vanillepudding, geschlagenem Eiweiß, Rühr- und Hefeteig. Das klingt erst einmal nicht sonderlich spektakulär. Aber warten Sie, bis Sie den leckeren dreischichtigen Kuchen einmal gekostet haben! Bei den Rezepturen gibt es zahlreiche Variationen, zum Beispiel mit Rosinen. Ähnlich wie beim Christstollen schwört jede Bäckerei auf ihr eigenes Rezept.

Nach soviel Süßspeisen brauchen wir noch eine herzhafte Abwechslung. Der „Dresdner Sauerbraten" gehört fast zum Standart auf der Speisekarte vieler Restaurants. Auch hier variiert die Zubereitung. So wird das magere Rindfleisch beispielsweise mit Möhren, Zwiebeln, Wacholderbeeren, Buttermilch und Pimentkörnern angerichtet. Dazu gibt es Kartoffelklöße und Rotkohl.

Abgerundet wird unser Braten mit einem guten Bier, und was passt besser als ein gutes „Radeberger"? Der begehrte Gerstensaft war bereits zu DDR-Zeiten ein Exportschlager und deshalb für die Dresdner eher schwer zu bekommen. Genaugenommen ist das Radeberger Bier ja kein wirkliches Dresdner Produkt, aber wir wollen das mal nicht zu genau nehmen. Immerhin wirbt die Brauerei gern mit einem bekannten Dresdner Opernhaus.

Und damit haben wir auch eine schöne Überleitung zu unserem nächsten Kapitel.

THEATERKASSE

Große und kleine Bretter

Die Polizeistreife, die an einem Frühlingsabend des Jahres 1985 an der Altstädtischen Wache, gleich gegenüber der Ruine des Dresdner Schlosses, vorbeifährt, staunt nicht schlecht. Auf den Stufen des Schinkelbaus hat sich ein buntes Völkchen eingefunden. Mit Luftmatratzen und Campingstühlen haben sie es sich gemütlich gemacht und scheinen sich für die Nacht einzurichten. „Unerhört so etwas! Handelt es sich hier etwa um eine staatsfeindliche Demonstration?"

Die Situation klärt sich schnell auf. Die misstrauischen Gesetzeshüter erfahren, dass sich hier nur kunstbegeisterte Dresdner für Karten der im Februar wieder eröffneten Dresdner Semperoper anstellen. Auch ich habe meinen Campinghocker aufgeschlagen und hülle mich in eine dicke Jacke ein. Um Mitternacht wird mich mein Bruder ablösen. Der eigentliche Kartenverkauf findet nämlich erst am nächsten Morgen statt. Aber wer tatsächlich die begehrten Karten erhaschen will, muss früh *auf*stehen, bzw. spät *an*stehen.

Kurz nach der Wiedereröffnung des Opernhauses zu DDR-Zeiten ging ein Kartenkontingent vor allem an die großen Hotels, in denen zahlungskräftige Besucher aus dem Westen residierten. Für uns Dresdner dagegen hieß es „anstehen". Doch das gehörte sowieso zum Alltag im real existierenden Sozialismus, und Dresdner sind im Allgemeinen sehr kulturbegeistert. Was machen da schon ein paar Stunden warten unter freiem Himmel? Schnell komme ich mit den anderen Wartenden ins Gespräch. Unter anderem ist eine Studentin dabei, ein Bäcker, eine Lehrerin oder auch ein Taxifahrer. Ich erfahre, dass die meisten von ihnen anstehen, um selbst einmal einen Blick in das alte „neue" Opernhaus werfen zu können. Andere erwarten demnächst „Westbesuch" und wollen ihre Verwandten mit den Eintrittskarten überraschen. Die Bewohner Dresdens haben ein ganz besonderes Verhältnis zum Kulturangebot ihrer Stadt und sind bereit, dafür ´mal etwas mehr Zeit, oder, wie es heute eher der Fall ist, Geld zu opfern.

Auch wenn die Semperoper natürlich zu den bekanntesten Bühnen der Stadt zählt, prägten und prägen auch andere „Bretter, die die Welt bedeuten", das kulturelle Leben Dresdens.

Bereits vor dem Bau der Semperoper waren am sächsischen Hoftheater in Dresden Künstler aus ganz Europa zu Gast. Im Jahr 1738 kam eine kleine Schauspieltruppe aus Venedig in die sächsische Residenzstadt. In der Commedia del´ arte spielte eine gewisse Zanetta eine Liebhaberin. Mit bürgerlichen Namen hieß sie Giovanna Maria Casanova. Ganz recht, sie war die Mutter des weltbekannten Frauenhelden und hatte ein Engagement am Dresdner Hoftheater.

Im Jahr 1752 besuchte sie ihr Sohn in Dresden. Aber, ganz seinem Ruf getreu, interessierte er sich wohl weniger für die schauspielerischen Fähigkeiten seiner Mutter, sondern eher für die holde Dresdner Weiblichkeit. So schreibt er später in seinen Erinnerungen: „Die ersten drei Monate meines Dresdner Aufenthaltes verbrachte ich damit, alle käuflichen Schönheiten kennen zu lernen. Ich fand, dass sie die Italienerinnen und Französinnen, was ihre körperlichen Reize anbelangt, noch übertreffen…"

Doch bleiben wir bei den *kulturellen* Reizen Dresdens. In unmittelbarer Nähe der Semperoper, am Postplatz, erhebt sich das Schauspielhaus, bei den Dresdnern auch als

„Großes Haus" bekannt. Das 1913 fertiggestellte Gebäude prägten ursprünglich barocke Schmuckelemente. Bei seiner Eröffnung verfügte das Theater bereits über hydraulische Hebewerke und damit über die modernste Bühnenanlage der damaligen Zeit.

Nach der teilweisen Zerstörung im Februar 1945 wurde das Haus wieder aufgebaut und nahm bereits drei Jahre später als erstes deutsches Theater nach Kriegsende den Betrieb auf. Zu DDR-Zeiten war das „Große Haus" die Heimat von Schauspiel, Staatskapelle, Oper und Ballett. Erst mit der Wiedereröffnung der Semperoper wurden die Bereiche getrennt.

Als Pendant zum „Großen Haus" im historischen Dresdner Zentrum betreibt das Staatsschauspiel in der Dresdner Neustadt auch ein „Kleines Haus". Seit dem 17. Jahrhundert war das Gebäude unter anderem Festung, Villa, Kneipe, Tonhalle und wurde sogar als Kirche genutzt. In dieser fand 1945 eine Aufführung von Lessings „Nathan der Weise" statt. Das gab wohl auch den Anreiz für die spätere Nutzung als Schauspiel und Oper.

Entgegen anders lautender Behauptungen begeistert Theater auch heute viele junge Menschen. Dafür ist Dresden ein gutes Beispiel. Die Landeshauptstadt ist die Heimat des größten Kinder- und Jugendtheaters Deutschlands. Das TJG, das „Theater Junge Generation", macht Programme *mit* und *für* die junge Generation. Unter dem Kürzel TJG sind Schauspiel, Puppentheater und Theaterakademie zusammengefasst. Dresden braucht sich um seinen Nachwuchs im Bereich Schauspiel also keine Sorgen zu machen.

„Ich lade gern mir Gäste ein" singt Fürst Orlowski in Johann Strauss' Operette „Die Fledermaus". Wenn Sie seiner Einladung folgen wollen, müssen wir uns ein wenig aus dem Dresdner Stadtzentrum herausbewegen. Die Staatsoperette liegt etwas außerhalb. Oft schon wurde diskutiert, ein anderes Gebäude zu finden, zum Beispiel das ehemalige Dresdner Gasometer. Die etwas längere Anfahrt lohnt sich auf jeden Fall. Die Staatsoperette bietet ein breites Repertoire. Eine Besonderheit ist der Johann-Strauß-Zyklus des Hauses. Durch witzige Inszenierungen versteht es das Ensemble, Operette auch für eine jüngere Generation interessant zu machen.

Jedes Jahr im Sommer wird ein Teil des Dresdner Zwingers zur Bühne. Die „Zwingerkonzerte" am Fuße des Nymphenbades locken an lauen Sommerabenden Dresdner und Besucher der Stadt zu einem abwechslungsreichen Programm. Dieses reicht von Konzerten über „Tänzerische Serenaden" bis hin zur Aufführung von Carl Orffs „Carmina Burana".

Die über 100 Vorstellungen werden vom Ensemble der Radebeuler „Landesbühnen Sachsen" bestritten - die letzte Station auf unserem kleinen Ausflug zu bekannten Bühnen in und um Dresden.

Die Landesbühnen Sachsen beweisen, dass mit außergewöhnlichen Ideen, witzigen Inszenierungen und einem vielseitig einsetzbarem Künstlerensemble auch ein relativ kleines Theater ein beeindruckendes Programm auf die Beine bzw. Bühne stellen kann. Sowohl Theaterinszenierungen, wie Kleists „Zerbrochener Krug", als auch Musicals, wie „Sugar" nach dem Filmerfolg „Manche mögen`s heiß", gehören zum Repertoire des Hauses.

Auch Kinder kommen in Radebeul auf ihre Kosten. Bereits als Siebenjähriger habe ich hier Engelbert Humperdincks Märchenoper „Hänsel und Gretel" oder Sergej Prokofjews „Peter und der Wolf" gelauscht.

Die Felsenbühne Rathen, die Sie ja schon kennen gelernt haben, wird übrigens auch von den Landebühnen Sachsen bespielt.

Soweit eine kleine Auswahl von interessanten Bühnen der Kulturmetropole.

Bleibt mir nur noch, Ihnen in Dresden spannende Opern-, Theater-, Musical- oder Operettenabende zu wünschen.

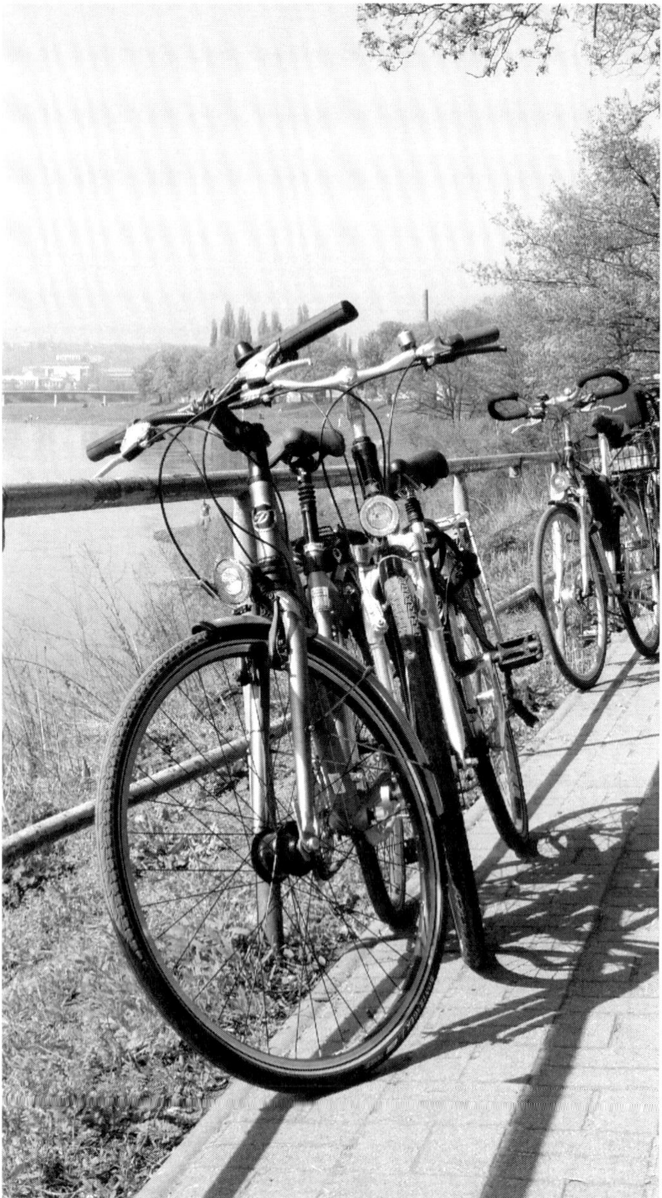

Sport frei

Mehrmals im Jahr verwandelt sich das Dresdner Stadtzentrum in eine Sportarena der besonderen Art. An diesen Abenden werden wichtige Straßen und Kreuzungen von der Polizei abgesperrt. Neugierige Besucher, die dann eine Fahrzeugkolonne hoher Staatsgäste erwarten, sind überrascht.

Denn was dort anrollt, sind keine Limousinen, sondern ca. 4000 Sportbegeisterte mit Inlineskates an den Füßen, die sich auf eine ganz besondere „Stadtrundfahrt" begeben. Bereits seit 1998 existiert das „Dresdner Nachtskaten" und zieht immer mehr begeisterte Teilnehmer an. Für Abwechslung sorgen fünf verschiedenen Routen durch das Elbtal. Dresden war die erste Stadt Deutschlands, die solch ein Event zu bieten hatte. Auf den bis zu 25 km langen Strecken sind alle Altersgruppen vertreten, denn die Dresdner sind sportbegeistert.

Aus der sächsischen Landeshauptstadt stammen übrigens einige sehr erfolgreiche Spitzensportler - beispielsweise ein zweifacher Weltmeister und Europameister im Eiskunstlaufen oder einer der besten deutschen Wasserspringer.

Doch kommen wir zurück zum Dresdner Breitensport. „Jeder Mann an jedem Ort, einmal in der Woche Sport" war ein Lieblingsspruch von DDR-Regierungschef Walter Ulbricht. Wenn man auch sonst nicht viel auf Ulbrichts Parolen gab, so schien man sich im Osten diesen Wunsch zu Herzen zu nehmen. Hier entwickelte sich eine beeindruckende Sportkultur, die auch heute noch die Dresdner Sportlandschaft prägt.

So zieht es zum Beispiel einmal jährlich zahlreiche Laufbegeisterte zum „Dresden-Marathon". Im Oktober 1999 fiel in der historischen Altstadt der Startschuss. Die Teilnehmer passieren bei ihrem Lauf unter anderem den Großen Garten, die Brühlsche Terrasse, die Marienbrücke, die Augustusbrücke und das Japanische Palais. In den Siegerlisten der vergangenen Jahre finden sich u.a. Teilnehmer aus Tansania, Russland, Kenia oder Polen. Dresdner nehmen natürlich auch teil, und sei es auch nur, um an der Wegstrecke die anderen Läufer kräftig anzufeuern.

Ein Hauch von Fernost ist in jedem Jahr zum Elbhangfest in Dresden zu spüren. Das größte Drachenbootrennen Sachsens lockt Schaulustige und wagemutige Teilnehmer ans Elbufer. Vom „Blauen Wunder" geht's ca. 400 Meter elbabwärts. Die teilnehmenden Mannschaften kommen aus den verschiedensten Bereichen. So ist es gut möglich, dass ein Team von den Mitarbeitern einer Anwaltskanzlei gestellt wird, während im Nachbarboot das Redaktionsteam eines Lokalfernsehsenders oder die Ortsgruppe einer Partei sitzt – übrigens eine tolle Gelegenheit, einmal dem Chef oder Ortsgruppenvorsitzenden beim Rudern den Takt anzugeben. Neben der sportlichen Leistung zählt natürlich das äußere Erscheinungsbild des schwimmenden Untersatzes, denn schließlich wollen die vielen Zuschauer auch etwas davon haben.

„Ich bin auf Draht, ich fahre Rad" heißt es beim jährlichen Dresdner Radfest quer durch das Elbtal. Dafür können die Dresdner auf einem der gut ausgebauten Radwege entlang der Elbe üben. Auch untrainierte Teilnehmer sind willkommen, denn es sind fast keine Höhenunterschiede zu überwinden. Das Radfest ist für die ganze Familie eine tolle Gelegenheit, sich sportlich zu betätigen.

Wenn die Faradkolonnen dann unter anderem am Standbild des Goldenen Reiters vorbeisausen, schaut Kurfürst August sicher mit Wohlwollen auf seine sportbegeisterten Untertanen, soll er selbst sich doch auch hin und wieder sportlich betätigt haben und zwar in prominenter Begleitung.

So wird berichtet, dass der russische Zar Peter der Große 1711 Dresden besuchte. Zu Gast war er bei Johann Melchior Dinglinger, dem Hofgoldschmied Augusts des Starken. Dinglinger besaß in seinem Weinberg in Dresden Loschwitz eine Kegelbahn. Dort, so erzählt man sich, haben der Zar, der Kurfürst und sein Goldschmied beim Besuch des hohen Gastes eine flotte Kugel geschoben. Wer die meisten Partien gewonnen hat, ist nicht überliefert. Aber das ist ja auch nicht so wichtig. Wie immer beim Sport, zählte wohl auch damals schon die Teilnahme.

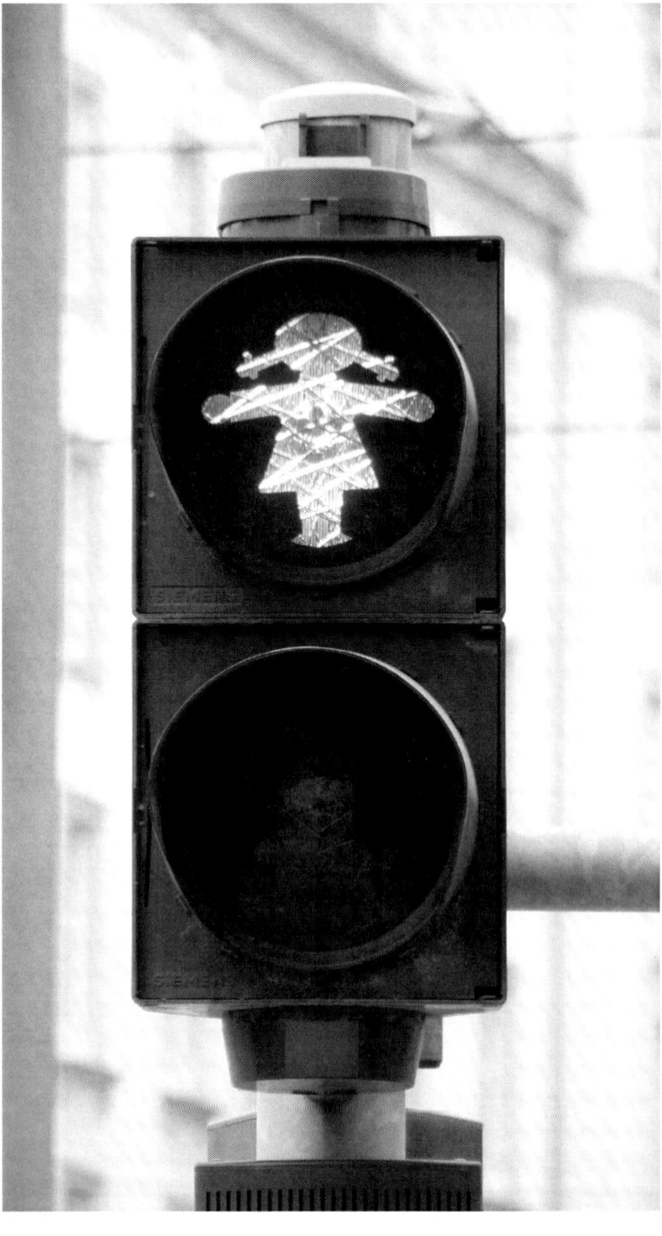

Ampelman(n)zipation

Sie sind klein, tragen ein Röckchen und lustige Zöpfe. Manchmal sind sie grün und manchmal rot, und sie zeigen den Männern im Straßenverkehr, wo es lang geht: die Dresdner „Ampelfrauchen". Ja, ja, Sie haben richtig gelesen: Ampel*frauchen*. Nachdem im Osten Deutschlands jahrzehntelang nur die Ampel*männchen* die Fußgänger über die Straße leiteten, hielt die Dresdner Gleichstellungsbeauftragte die Zeit für gekommen, auch im Ampelverkehr die Gleichberechtigung von Männchen und Weibchen, pardon - Frauchen zu verwirklichen. Öffentlichkeitswirksam wechselte sie die Leuchtscheiben an der Fußgängerampel zwischen Prager Straße und Altmarkt aus. Die anwesenden Lokalmedien konnten sich natürlich ihre Kommentare in der Berichterstattung nicht ganz verkneifen. So richtig durchgesetzt hat sich die *Frauchen*quote bei den Dresdner Ampeln seit dem allerdings nicht. Nichtsdestotrotz sind die Ampelfrauchen eine originelle Besonderheit in der Dresdner Innenstadt geworden.

Fast wie zum Trotz thront nur wenige Meter Luftlinie entfernt, hoch über den Dächern der Innenstadt, seit 1908 ein imposanter goldener „Macho" und genießt mit weit ausgestrecktem Arm seinen Blick über die Landeshauptstadt, zu seinen Füßen ein großes Füllhorn. Erst kürzlich hat er eine Frischzellenkur erhalten und präsentiert nun wieder seinen muskelgestählten Körper auf der Spitze des Rathausturmes. Der Dresdner Rathausmann symbolisiert Herkules und ist zu einem weithin sichtbaren Wahrzeichen und Original der Stadt geworden. Modell für den imposanten Herrn mit Rauschebart stand ein um die Jahrhundertwende erfolgreicher Ringer, der sogar sächsischer Meister im Schwergewicht und Achterkampf war.

Die Wahl der Symbolik für den goldenen Rathausmann spricht für das Selbstbewusstsein der Dresdner Bürger zur damaligen Zeit. Daran hat sich übrigens bis heute nichts geändert. Zu DDR-Zeiten trug ein bekanntes Schlagernachwuchsfestival den Namen der Skulptur.

Ein anderes Dresdner Wahrzeichen hat sich einen eher bescheidenen Ort gesucht – das Brückenmännchen. Wenn Sie es finden wollen, müssen Sie zur Augustusbrücke auf der Altstädter Seite hinuntergehen. Am Landbrückenpfeiler können Sie es sehen. Die heutige Darstellung stammt aus dem Jahre 1820 und ist eine Nachbildung des Originals, welches sich an der ersten steinernen Dresdner Elbbrücke befand, sozusagen dem Vorgänger der heutigen Augustusbrücke. Mit dem Brückenmännchen hat sich der damalige Erbauer Matteo Foccio selbst dargestellt. Das etwas mürrisch dreinschauende Männchen hat sein Mützchen tief ins Gesicht gezogen und stemmt die Händchen in die Hüften. Schon so mancher will darin eine gewisse Ähnlichkeit mit den Dresdnern gesehen haben. Dabei sind wir Dresdner doch so fröhliche Menschen.

Apropos fröhlich. Wenn wir von Dresdner Originalen sprechen, kommen wir nicht um einen Mann herum, der für die gute Laune Augusts des Starken und später dessen Sohnes Friedrich August II zuständig war – Hofnarr Fröhlich.

„Comedians" waren schon zu Augusts Zeiten kleine Stars, und so musste sich Joseph Fröhlich auch keine Gedanken über seine finanzielle Lage machen. An der Nordseite der Augustusbrücke besaß er ein Wohnhaus mit exponiertem Blick, welches von den Dresdnern liebevoll „Narrenhäusel" getauft wurde. Das Häuschen gibt es heute leider nicht mehr. An dessen Stelle erinnert jetzt eine Bronzeplastik an den Hofnarren. Verschiedene Künstler haben sich mit der Figur des Fröhlich beschäftigt. In den Staatlichen Kunstsammlungen finden sich verschiedene Gemälde oder auch Porzellanfiguren.

Auch heute noch wird der Hofnarr gern zum Leben erweckt und begrüßt in bunter Garderobe die Dresdner und ihre Gäste bei Stadtfesten oder ähnlichen Gelegenheiten.

Zwei pausbäckige kleine Engelchen schauen, den Kopf in die Hände gestützt, ehrfurchtsvoll auf die über Ihnen schwebende Madonna. Die beiden haben mittlerweile fast einen größeren Bekanntheitsgrad als das Bild, auf dem sie am unteren Bildrand dargestellt sind: Raffaels berühmte „Sixtinische Madonna". Auf Geburts-, Hochzeits- oder anderen Glückwunschkarten, überall auf der Welt sind die keck dreinschauenden Cherubine zu finden. Die wenigsten werden aber wissen, dass ihr zu Hause seit 1754 die Dresdner Gemäldegalerie ist. Zwar finden sich Postkarten mit den beiden auch in anderen Metropolen. In Wirklichkeit sind es aber inzwischen zwei richtige Dresdner Originale geworden.

Ein gutes Marketing sichert hohe Umsatzzahlen. Das wusste Mitte des 19. Jahrhunderts auch schon die „Eierhanne". Ihren richtigen Namen kennt heute niemand mehr. Aber ihr Erscheinungsbild und ihr Auftreten haben sich bei den Dresdnern eingeprägt. Eierhanne verkaufte an ihrem Stand am Dresdner Altmarkt gekochte Eier. Eigentlich ja erst einmal nichts Besonderes. Das Dresdner Original machte sich aber einen Namen, indem sie am Abend auch in verschiedenen Gasthäusern ihre Produkte anbot. Dazu präsentierte sie Gedichte und Lieder, die sie sich selbst ausgedacht hatte. Die Eier gingen weg wie warme Semmeln. Gute Werbung ist eben alles.

Eine weitere Dame machte in Dresden durch ihre Verkaufskünste von sich reden. Die Vogel-Marlise verkaufte Vögel und andere Tiere. Auch sie fiel durch ihr Talent auf, die Ware besonders lautstark und sprachgewandt an den Mann bzw. die Frau zu bringen.

Im 19. Jahrhundert waren eine Reihe anderer Originale stadtbekannt, von denen aber heute kaum noch jemand etwas weiß. So soll es einen jodelnden Schornsteinfeger, eine Witwe, die ein Wandertheater betrieb oder einen singenden Uhrmacher gegeben haben.

Wenn Sie sich ein bisschen Zeit nehmen und mit den Dresdnerinnen und Dresdnern ins Gespräch kommen, werden Sie feststellen, dass es auch heute unter den Bewohnern noch viele Dresdner Originale gibt. Viel Spaß beim Entdecken!

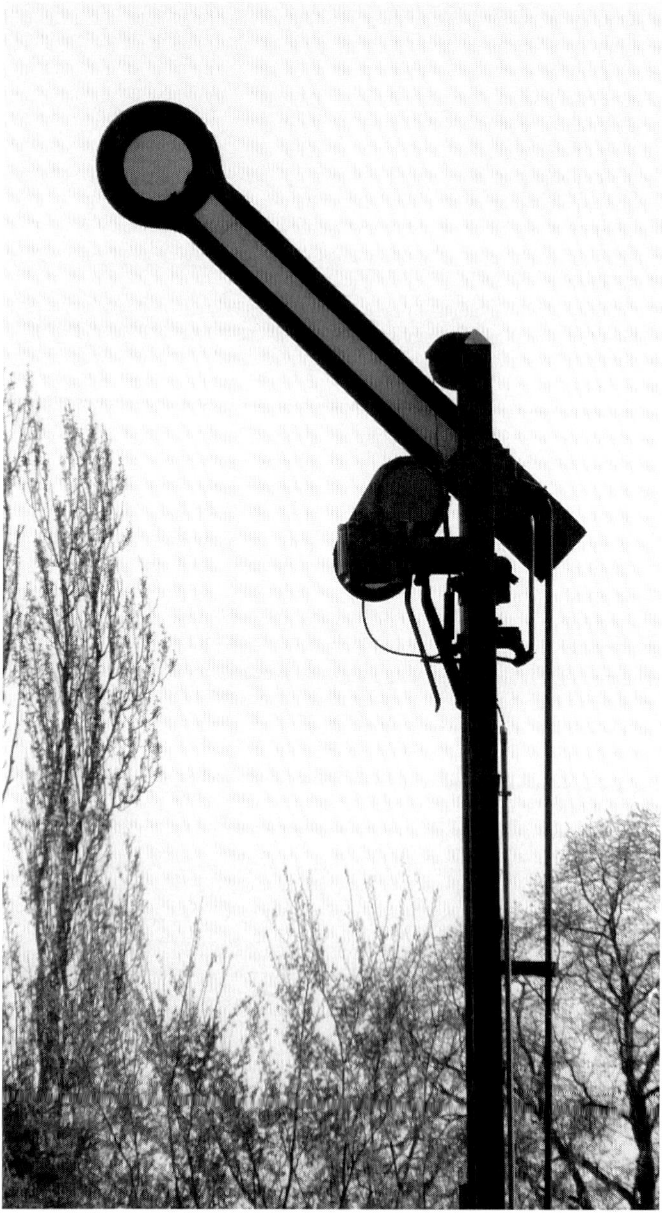

Ein toller „Hecht"

Wie sind Sie eigentlich nach Dresden gekommen? Mit der Bahn oder mit dem Flugzeug, der Straßenbahn oder vielleicht mit dem Schiff? Wussten Sie, dass alle vier Verkehrsmittel einen besonderen Bezug zur Elbestadt haben?

Schon als Kind interessierte sich Johann Andreas Schubert für Technik. Er stammte aus eher ärmlichen Verhältnissen und wuchs bei Pflegeeltern auf, die ihm eine gute Schulbildung ermöglichten. Nach einem Studium für Bauwesen an der Akademie der Bildenden Künste zu Dresden lehrte er Mitte des 19. Jh. an der neuen Königlich-Technischen Bildungsanstalt Dresden, sozusagen dem Vorgänger der heutigen Technischen Universität Dresden. Aber nicht nur Architektur hatte es Schubert angetan. Der Universalingenieur konstruierte auch einige der ersten Dampfschiffe, die auf der Oberelbe verkehrten.

Dass die Engländer bei der Entwicklung der Dampflokomotive die Nase vorn hatten, muss den ambitionierten Sachsen ziemlich gewurmt haben. Sein Ziel war es, die erste funktionstüchtige deutsche Dampflokomotive zu konstruieren und zu bauen. 1839 war es dann endlich soweit. Schubert konnte seine Lokomotive der Öffentlichkeit präsentieren. Sie trug den Namen Saxonia. Bei der Eröffnung der ersten deutschen Ferneisenbahnstrecke von Leipzig nach Dresden schnaufte die kleine Lok über die Gleise. Zwar tuckelte die Saxonia hinter dem offiziellen Zug her, der von englischen Lokomotiven angetrieben wird. Dennoch muss es für Schubert ein erhebender Moment gewesen sein.

Im Norden der sächsischen Landeshauptstadt befindet sich der Flughafen „Dresden International". Der Airport hat eine bewegte Geschichte, von den Anfängen zur Zeit der Weimarer Republik, über den Zweiten Weltkrieg, die Zeit der DDR-Interflug, bis zum heutigen modernen Flughafen. In Dresden Klotzsche landeten und starteten nicht nur Flugzeuge, hier wurden auch Maschinen gebaut.

In den fünfziger Jahren hatte es sich die DDR-Regierung in den Kopf gesetzt, eine Führungsrolle im deutschen Flugzeugbau zu übernehmen. Ein eigenes Verkehrsflugzeug sollte gebaut werden und nicht mehr nur der Lizenzbau der sowjetischen Iljuschin - Passagierflugzeuge. Die Wahl des Produktionsortes fiel auf Dresden-Klotzsche.

Das ehrgeizigste Projekt war der Bau der „152", der ersten deutschen Verkehrsmaschine mit Strahlantrieb. Immer wieder kam die Produktion ins Stocken, denn die Materialknappheit im Sozialismus machte auch vor dem Flugzeugbau nicht halt. Trotzdem konnte die „152" schließlich 1958 medienwirksam der Öffentlichkeit präsentiert werden. Von ständigen Terminverschiebungen und Materialmangel erfuhr diese allerdings nichts. Dem Ehrgeiz und der Arbeit der Ingenieure war es schließlich zu verdanken, dass Ende 1958 das erste deutsche Düsenverkehrsflugzeug zum erfolgreichen Jungfernflug starten konnte.

Was vielversprechend begonnen hatte, endete leider traurig. Bei einem späteren Testflug der „152" stürzte die Maschine wenige Kilometer vor Dresden ab. Alle vier Besatzungsmitglieder kamen dabei ums Leben. Bis heute sind die Ursachen nicht geklärt, denn die Regierung befahl strengste Geheimhaltung. Zwar gab es im Folgejahr noch zwei erfolgreiche Flüge der „152", aber bald schon danach wurde die Flugzeugproduktion in Dresden eingestellt, nicht zuletzt wegen der immensen Kosten.

Nicht nur im Flugzeug- sondern auch im Straßenbahnbau hat die sächsische Landeshauptstadt Geschichte geschrieben. In den zwanziger Jahren des vergangenen Jahrhunderts erregte ein neuer Typ von Straßenbahnwagen Aufsehen, der hier gebaut und eingesetzt wurde. Ganze 15 Meter war dieser lang und lief an den Enden jeweils spitz aus. Dadurch sollte verhindert werden, dass Wagen, die sich in einer Kurve begegneten, nicht miteinander kollidierten. Die längliche, schlanke Form trug dem Gefährt auch schnell einen Spitznamen bei den Dresdnern ein: „Hechtwagen". Viele ältere Bewohner der Stadt können sich noch daran erinnern, wie sie mit den flotten Straßenbahnwagen in der Stadt unterwegs waren. Neben der hohen Zahl an Passagieren, die der Wagen aufnehmen konnte, überzeugte der „Hecht" vor allem durch seine Beschleunigung und Geschwindigkeit, die durch vier Halbspannungsmotoren ermöglicht wurde. Gerüchten zufolge soll der Hechtwagen auf geraden Strecken gar eine Geschwindigkeit von 120 km/h erreicht haben. Echt ein „toller Hecht"!

Bei unserem Streifzug durch den Stadtteil Loschwitz haben wir ja schon zwei weitere imposante Dresdner Verkehrsmittel kennengelernt: die Standseilbahn und die Bergschwebebahn. Sie erinnern sich? Letztere war die erste Bergschwebebahn der Welt und außerdem die einzige Bergschienenhängebahn. Zur deren feierlichen Einweihung im Jahre 1901 gab sich sogar seine Königliche Hoheit Prinz Friedrich August von Sachsen die Ehre. In den ersten Betriebsjahren der Bahn gab es einige Zwischenfälle. So riss das erste Zugseil und ein Schaffner kam beim Abspringen ums Leben. Heute ist eine Fahrt mit der rekonstruierten Bahn völlig ungefährlich und jedem Dresdenbesucher sehr zu empfehlen.

Für alle, die sich noch mehr für Verkehrsgeschichte interessieren, lohnt sich übrigens ein Besuch im Dresdner Verkehrsmuseum. In unmittelbarer Nähe zur Frauenkirche, im Johanneum am Neumarkt, warten auf Sie historische Lokomotiven, Flugzeuge und Straßenbahnwagons. Das ist die Gelegenheit, den Kindheitstraum, einmal im Führerstand einer Lokomotive zu stehen, für einen Moment wahr werden zu lassen.

Wörterbuch
Sächsisch – Deutsch
Deutsch - Sächsisch

Do you speak „Sächsisch" ?

Stellen Sie sich folgende Situation vor: Sie sind das erste Mal am Grand Canyon und genießen die atemberaubende Aussicht. Unter Ihnen erstreckt sich die zerklüftete Felslandschaft, die Abendsonne taucht den Canyon in rotes Licht. Sie schließen die Augen, um den Augenblick zu genießen.

Plötzlich wird die Stille je unterbrochen und Sie hören hinter sich jemanden rufen „Nu gugge ma Muddi, das sieht dorr aus wie unsor Elbsandsteingebärge bei uns dorheeme…"

In solchen Situationen, weiß ich immer nicht, ob ich mich umdrehen und meine Landsleute freudig in die Arme schließen oder das Weite suchen und davonrennen soll. Ich mag das Elbsandsteingebirge wirklich sehr. Wer jedoch einmal im Grand Canyon war, wird bestätigen, dass dieser doch noch einige Nummern größer ist.

Einen Vorteil oder eher Nachteil haben wir Sachsen. Man hört uns schon aus einiger Entfernung auch aus einer großen Menschenmenge heraus. Und Sachsen finden sich nicht nur im Grand Canyon, sondern praktisch überall auf der Welt. „Der Sachse liebt das Reisen sehr…" hieß es in einem bekannten DDR-Schlager. Trotzdem vergisst der Dresdner seine Heimat auch in der Ferne nie. Man beachte: „*unser* Elbsandsteingebirge …"! Ein starker Ausdruck von Lokalpatriotismus und einem etwas einnehmenden Wesen. Zu Ostzeiten kursierte folgender Witz: „Die wichtigsten Staaten der Welt fangen mit U an: USA, UdSSR und Unsere DDR."

Aber zurück zur sächsischen Mundart. Anders, als zum Beispiel der Sing Sang des Leipziger oder Chemnitzer Sächsisch, zeichnet sich der Dresdner Dialekt durch eine gewisse Kürze und Trockenheit aus. Freunde aus dem „Nichtsächsischen Wirtschaftsgebiet (NSW)" glauben mir immer nicht, dass man erkennen kann, aus welcher sächsischen Metropole jemand kommt. Für sie klingt alles gleich schrecklich. Aber man kann.

Laut aktueller Umfragen nimmt Sächsisch bei den unbeliebtesten deutschen Dialekten leider unangefochten den 1. Platz ein. Mehr als die Hälfte der Befragten hören demnach unseren Dialekt nicht gern, dicht gefolgt von Berlinisch und Bairisch. Dabei war Sächsisch sprachhistorisch gesehen einmal sehr bedeutsam und beliebt.

Im 16./17. Jahrhundert befand sich die kurfürstliche Kanzlei in Meißen. Die dort übliche Amtssprache war? Natürlich Sächsisch! Alle, die wichtig waren oder sich zumindest dafür hielten, sprachen also ein „gepflegtes Sächsisch", übrigens auch Kurfürst August der Starke. Dass diese sächsische Kanzleisprache mit dem heutigen Dialekt vergleichbar ist, wage ich zwar zu bezweifeln, aber immerhin bildete sie damals die Voraussetzung für ein Standartdeutsch, das sogar Martin Luther für seine Übersetzung der Bibel ins Deutsche nutzte. „Die sächsische Sprache gehet fein leise und leicht ab…" befand der Reformator und gab dem Sächsischen damit den Ritterschlag.

Nicht wenige Sprachwissenschaftler gehen übrigens davon aus, dass sich die Abneigung nie wirklich auf die Sprache oder den Dialekt bezieht, sondern immer auf die Personen, die sie sprechen. Komischerweise wird Sächsisch immer in Verbindung mit „dem Ossi" gebracht. Zugegeben, es gab in der Geschichte einige unsympathische sächsische Zeitgenossen, allen voran der hier schon benannte DDR-Regierungschef Walter Ulbricht, der immer wieder gern imitiert wurde. Apropos imitiert – es gibt eine Sache, die noch peinlicher ist, als einigen Leuten das Sächsisch selbst: Wenn „Nichtsachsen" versuchen Sächsisch zu sprechen oder nachzumachen. Nur ganz wenige Kollegen aus dem Unterhaltungsgewerbe beherrschen das wirklich perfekt. Ansonsten muss man hier schon mehrere Jahre leben, um den leicht gummiartigen Sprachfluss hinzubekommen. Aber keine Angst, früher oder später erfasst das Sächsisch auch das hartnäckigste Hochdeutsch zugezogener Neudresdner.

Ein kleines Wörtchen spielt dabei eine ganz besondere Rolle: „Nu" oder auch gern „Nu, Nu" (man beachte das kurze u, wie in Pudding). „Nu" heißt „Ja", auch wenn das für Außenstehende schwer nachvollziehbar ist, klingt es doch eher wie „Nein". Woher das „Nu" sprachgeschichtlich kommt, ist umstritten. Eine Theorie besagt, dass der Ursprung im tschechischen „ano" (Ja) zu suchen ist.

Wie dem auch sei, für uns Dresdner ist es immer wieder amüsant, wenn sich nach einiger Zeit in den Sprachgebrauch unsere Gäste aus Bayern, Hessen oder Hamburg fast automatisch hin und wieder ein „nu" schleicht.

Typisch für das Sächsisch ist auch, dass harte Konsonanten wie t, p oder k *hart*näckig *weich*geklopft werden – es spricht sich ja auch viel bequemer. So wird aus der Mutti die *Muddi*, aus dem Papier das *Babbier* und aus der Hacke *eene Hagge*. Wenn der Sachse Hochdeutsch sprechen will, dreht er diese Regel einfach um, allerdings an der falschen Stelle. So werden weiche Konsonanten hart gemacht, wo sie eigentlich weich bleiben

sollten. Der Sprecher kommt dann zum Beispiel aus
„Treesten" und hat „trei Kinter".

Neben diesen allgemeinen Regeln kann das Sächsische auch eine Reihe von eigenen Wortschöpfungen vorweisen. Das trifft seltsamerweise besonders auf die Bezeichnung für Körperteile zu: *Nischl* für Kopf, *Gusche* für Mund oder *Wambe* für Bauch sollen als Beispiele genügen.

Wenn Sie also in Dresden in den Genuss einer Wegauskunft in feinstem Dialekt kommen, dann seien Sie etwas nachsichtig. Denken Sie daran, dass Sächsisch einmal die Amtssprache für ganz Mitteldeutschland war.

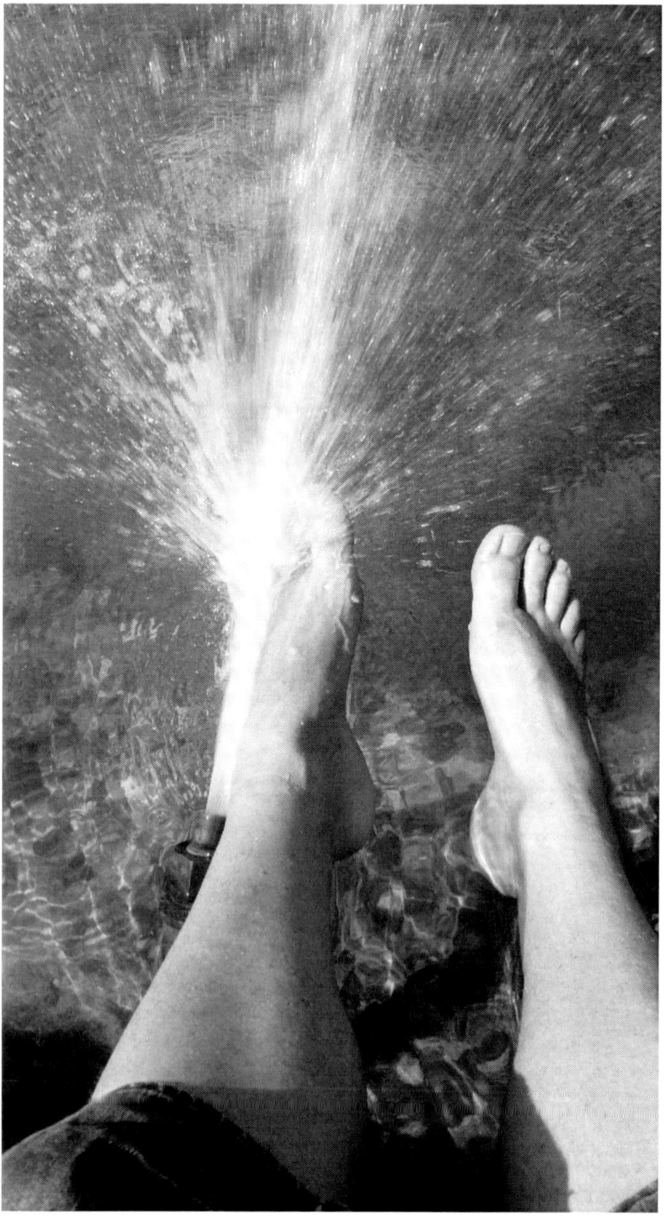

Gesundheit!

Gerade einmal achtunddreißig Jahre alt und schon Leibarzt des sächsischen Königs Anton. Wenn Carl Gustav Carus auf seine bisherige berufliche Laufbahn zurückblickte, konnte er zufrieden sein. Bereits mit zweiundzwanzig Jahren standen zwei Doktorentitel vor seinem Namen. Carus interessierte sich aber nicht nur für Medizin, sondern war auch als Maler begabt. Zu seinem erlesenen Freundeskreis zählten beispielsweise Johann Wolfgang von Goethe, der Maler Casper David Friedrich oder Alexander von Humboldt.

Von seinen Freunden erhielt er übrigens auch Anregungen, sich mit Kunst und Philosophie zu beschäftigen. Körper und Geist bildeten für Carus eine Einheit. Wenn die Seele eines Menschen krank ist, wirkt sich das auch auf das körperliche Befinden aus. Entspannung durch Musik oder die Beschäftigung mit anderen Künsten, wie Tanzen oder Malen, kann eine Heilung begünstigen. Diese Erkenntnis wollte Carus auch in die Medizin einbringen. Damit könnte man ihn als Vorgänger der heutigen Ganzheitsmedizin bezeichnen.

Die Bedeutung des Multitalents aus Dresden wurde 1954 besonders gewürdigt, als die Medizinische Akademie seinen Namen erhielt: Universitätsklinikum „Carl Gustav Carus" der TU Dresden.

Wenn die Leistungen Carus´ bei seinen heutigen Medizinerkollegen unbestritten anerkannt sind, sieht das bei einem seiner Dresdner Zeitgenossen etwas anders aus. Seit 1785 praktizierte hier Samuel Hahnemann. Der Name sagt Ihnen nichts? „Ähnliches soll durch Ähnliches geheilt werden" wurde zu seinem medizinischen Behandlungsansatz. Jetzt eine Idee? Richtig. Der 1755 im nahen Meißen geborene Hahnemann gilt als Begründer der Homöopathie. Homöopathen verabreichen ihren Patienten sehr geringe Mengen von Stoffen, die eigentlich ihre Krankheitssymptome hervorrufen. Die Wirksamkeit dieser Methode ist seit jeher umstritten. Unabhängig davon wächst die Gruppe derer, die auf die Erfolge der Homöopathie schwören.

Wie dem auch sei, Erfahrungen im Umgang mit Giften, die in sehr geringen Mengen in der Homöopathie zum Einsatz kommen, machte Hahnemann als Vertreter eines Dresdner Stadtphysikus´. In der Dresdner Gerichtsmedizin beschäftigte er sich beispielsweise mit Arsenvergiftungen.

Ein Denkmal für Hahnemann sucht man in Dresden vergebens. Lediglich in seiner Geburtsstadt Meißen erinnert das Hahnemannzentrum an den umstrittenen Arzt.

Manfred von Ardenne habe ich Ihnen bereits als (Mit)erfinder des Fernsehens vorgestellt. Ardenne entwickelte aber auch neue Verfahren zur Krebsbehandlung: die Sauerstoff-Mehrschritt-Therapie bzw. systemische Krebs-Mehrschritt-Therapie. In seinem privaten Forschungsinstitut im Dresdner Nobelviertel „Weißer Hirsch" forschte er zunächst im Selbstversuch an dieser Form der Krebsbehandlung. Dabei werden die Krebszellen durch Hyperthermie (Überhitzung) in Kombination mit einer Chemotherapie bekämpft. Die große Belastung der Patienten soll durch den Einsatz von Sauerstoff erträglicher gemacht werden.

Die Wirksamkeit der Therapie wird von Medizinern unterschiedlich beurteilt. Trotzdem hat von Ardenne damit einen wichtigen Beitrag zur Krebsforschung geleistet.

1989 wurde er unter anderem auch dafür zum Ehrenbürger der Stadt Dresden ernannt.

Die internationale Hygiene-Ausstellung 1911 in Dresden hatte ihren Besuchern etwas ganz Besonderes zu bieten: die erste Wellenmaschine. Das Ausstellungsstück erweckte das spezielle Interesse eines Besuchers: Eduard Bilz. Er und seine Familie betrieben vor den Toren Dresdens im Lößnitzgrund bei Radebeul das „Bilz-Bad". Bilz widmete sich u.a. der naturgemäßen Heilweise und Gesundheitspflege. Diese praktizierte er in seinem kleinen Sanatorium in Radebeul und im Freibad an der Lößnitz. Ein Teil der Behandlungen beinhaltete Kneipp-Bäder, z.B. Wassertreten – also das Barfußlaufen in seichtem Wasser – eine Therapie, die auch Sie an heißen Sommertagen in einem der unzähligen Dresdner Springbrunnen ausprobieren können. Die neue Wellenmaschine, die Bilz für das Bad kaufte, war natürlich *die* Attraktion bei den Gästen. Das Wellenbad gibt es übrigens heute immer noch. Inzwischen wurde es technisch überholt. Seine letzte Ruhestätte hat Bilz, der als Vater der volkstümlichen Naturheilkunde gilt, gleich neben seinem guten Freund Karl May auf einem Radebeuler Friedhof gefunden.

Wissen Sie noch, welcher bekannte Dresdner das Odol Mundwasser erfunden hat? Karl-August Lingner widmete sich nicht nur der Mundhygiene, sondern auch der Volkshygiene im Allgemeinen. Und so ist es ihm zu verdanken, dass Dresden eine Besonderheit vorweisen kann, die einmalig in Deutschland ist: das Deutsche Hygiene-Museum Dresden. Gesundheit und Hygiene hängen unmittelbar zusammen, das war Lingner klar. Leider war das Bewusstsein darüber zu seiner Zeit noch nicht so ausgeprägt wie heute. Besonders in den ärmeren Bevölkerungsschichten fehlten die Mittel zum Beispiel für vernünftige öffentliche sanitäre Einrichtungen. Umso wichtiger war die Aufklärung der Bevölkerung. So gründete Lingner 1912 sein Museum, das auch als „Volksbildungsstätte für Gesundheitspflege" bezeichnet wurde. Da Vorbeugen bekanntlich besser als Heilen ist, beschäftigen sich die wechselnden Ausstellungen im Hygienemuseum u.a. mit Themen wie gesunde Ernährung, Körperhygiene, Sexualität, Wetterfühligkeit oder der Frage „Was ist Glück".

Gutes Anschauungsmaterial über die Anatomie des Menschen war zur Mitte des 20. Jahrhunderts noch rar, zumindest für die einfache Bevölkerung. Umso beeindruckender muss für die Museumsbesucher der „Gläserne Mensch" gewesen sein. Diese Museumsattraktion erlaubte es, durch eine gläserne Haut in das Innere eines Menschen zu schauen. So kann der Betrachter sofort erkennen, wo das Herz, die Niere oder die Leber liegen. Auch das weit verzweigte Herz-Kreislauf-System stellt sich dar.

Wie wäre es also mit einem kleinen Ausflug in „Ihr tiefstes Inneres"?

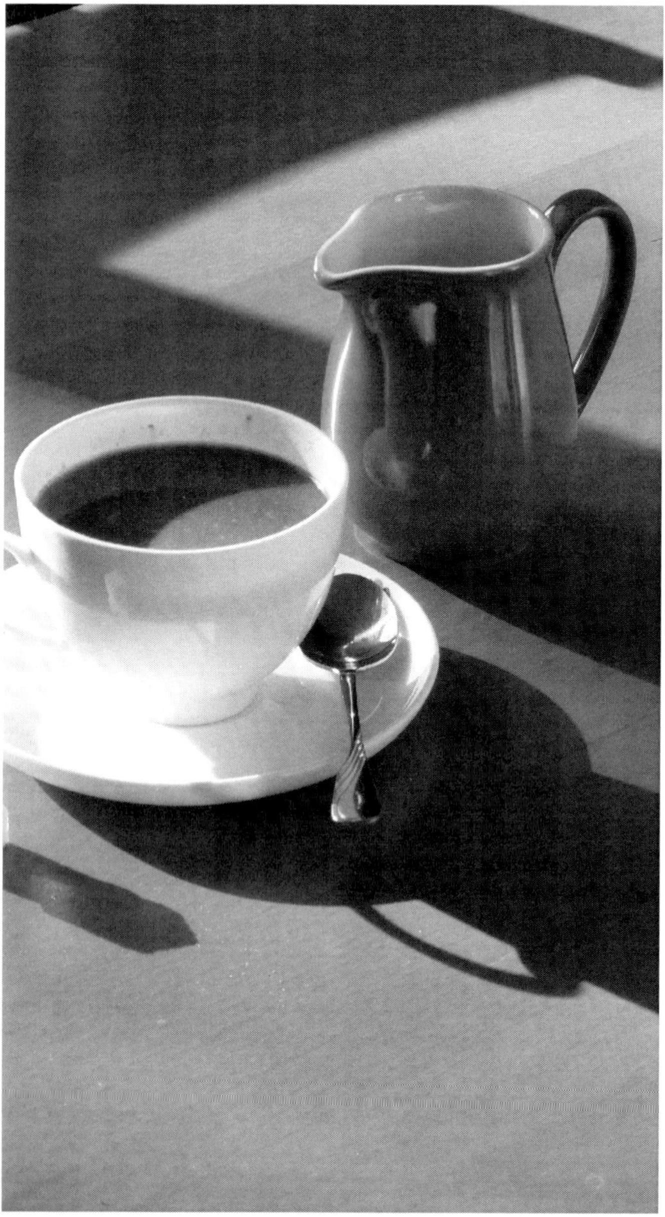

Man sieht sich immer zweimal

Seit 2006 erstrahlt der Dresdner Hauptbahnhof in neuem Glanz. Sechs Jahre hat die aufwendige Sanierung gedauert. Vom Schmuddelimage der DDR- und Nachwendezeit ist nichts mehr übriggeblieben. Geschäfte, gemütliche Cafes und Restaurants locken die Reisenden zum Ausruhen und zum Betrachten der hellen freundlichen Räume.

Die Bauarbeiten für den ursprünglichen Dresdner Hauptbahnhof begannen 1892 und fanden 1898 ihren Abschluss. Die feierliche Eröffnung übernahm damals seine Majestät König Albert von Sachsen persönlich, und zwar an seinem Geburtstag.

Der Hauptbahnhof vereint zwei verschiedene Bahnhofstypen in einem Gebäude. Zum einen enden hier Gleise in einer Art Kopfbahnhof, zum anderen führen Zuggleise durch den Hauptbahnhof hindurch.

Im Zweiten Weltkrieg wurde der Bahnhof stark beschädigt und nach dem Krieg wieder aufgebaut. Bereits im Mai 1945 fuhren wieder die ersten Züge vom Hauptbahnhof ab.

Dramatische Szenen spielten sich im Wendejahr 1989 vor und im Hauptbahnhof ab. Nachdem der damalige deutsche Außenminister Hans-Dietrich Genscher für die Botschaftsflüchtlinge in Prag die Ausreise bewirkt hatte, fuhren die Züge mit den Flüchtlingen über die damalige DDR Richtung Westen auch durch den Dresdner Hauptbahnhof. Viele Ausreisewillige hatten davon Wind bekommen und belagerten die Gleise, um die Züge zum Halten zu bringen und selbst mitzufahren. Die anwesenden Sicherheitskräfte verhinderten dies. Später kam es vor dem Bahnhofsgebäude zu Auseinandersetzungen zwischen Demonstranten und der Polizei. „Wir sind das Volk", hallte es über den Platz vor dem Hauptbahnhof.

In den Nachwendejahren wurde der Bahnhof für viele Dresdner zum Startpunkt, um endlich die weite Welt zu erobern. „Wir treffen uns unterm Strick" war und ist heute noch ein geläufiger Spruch für Reisende, die sich auf den Bahnhof verabreden, auch wenn vom ursprünglichen „Strick" nicht mehr viel zu sehen ist. Dieser trägt heute nämlich einen prunkvollen Leuchter in der Empfangshalle des Bahnhofs.

Einen Schicksalsschlag musste der Hauptbahnhof seit den Wendejahren noch über sich ergehen lassen. Die Jahrhundertflut vom August 2002 verschonte auch das Bahnhofsgebäude nicht. Zwar ist dieses weit von der Elbe entfernt. Die Wassermassen, die sich durch die Bahnhofshallen ergossen, kamen vom „Flüsschen" Weißeritz, das in diesem Jahr besonders viel Regenwasser aus den Bergen verkraften musste. Die Bilder vom überfluteten Bahnhof gingen durch alle Medien...

... und jetzt wieder durch meinen Kopf. Ich sitze bei einer Tasse Kaffee im Bahnhofsbistro und warte auf meine S-Bahn. Von hier aus kann ich die Reisenden gut beobachten, die gerade ankommen oder dabei sind, sich auf den Heimweg zu machen – ein buntes Völkchen aus allen möglichen Ländern. In das Stimmengewirr mischt sich Englisch, Tschechisch, Russisch, Französisch und ein lautes „Juhu". Juhu? Ich schaue mich um. In der hinteren Ecke des Bistros leuchtet mir etwas Rotes entgegen. Beim genaueren Hinsehen erkenne ich einen Filzhut und darunter zwei dicke Brillengläser. Ich glaub es nicht –

ganz in meiner Nähe sitz die alte Dame, mit der ich neulich im Zug zurück nach Dresden gefahren bin.

Auch „Rotkäppchen" scheint überrascht zu sein. Sie winkt mich zu ihrem Tisch hinüber. „Na so ein Zufall – setzten Sie sich doch!" Sie erzählt mir, dass ihr Besuch in Dresden leider schon vorbei ist, die Zeit natürlich viel zu kurz war und sie viele schöne Erinnerungen mitnimmt. Auf den Bistrotisch landen verschiedene Souvenirs, abgerissene Opernkarten und ein kleines Tässchen aus Meißner Porzellan. „Und Meißner Fummel haben Sie nicht mitgenommen?" frage ich neugierig. „Die hätte wohl die Reise kaum überlebt" zwinkert sie mir zu. „Aber an die Geschichte werde ich mich immer erinnern, wie auch an die eine oder andere Sache, die Sie mir erzählt haben.

„Aber jetzt muss ich wirklich los, sonst verpasse ich noch meinen Zug, alles Gute". Sie schnappt sich ihre riesige Reisetasche und eilt mit quietschenden Rädchen dem Ausgang entgegen. In der Tür hält sie noch einmal inne und dreht sich um. „Ach übrigens - Sie haben mir doch erzählt, woher der Namen Dresden stammt?". „Ja" nicke ich. „Also ich habe da noch eine ganz andere Version gehört, die ich von Ihnen nicht kannte." Neugierig schaue ich sie an. „Als der Name für die Stadt vergeben werden sollte, beschlossen die Entscheidungsträger das erste Wort zu nehmen, das sie auf der Straße hörten. Sie trafen auf zwei Maurer. Der eine warf dem anderen einen Ziegelstein zu und rief „Drähsd´n oder wendsd´n?"

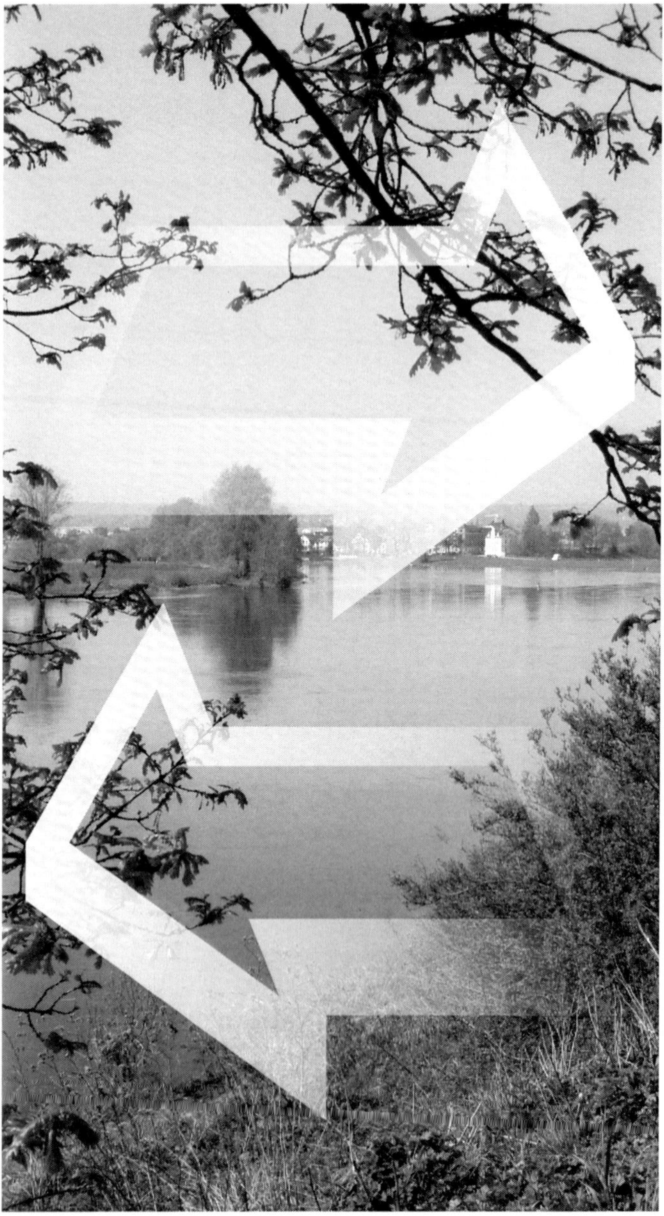

Demnächst rechts abbiegen

Für alle, die sich den einen oder anderen Schauplatz unserer kleinen Dresdner Geschichten einmal vor Ort anschauen möchten, habe ich auf den folgenden Seiten eine Liste mit GPS-Daten für Ihr Navigationssystem zusammengestellt.

Um an Ihr Ziel zu gelangen, geben Sie einfach die entsprechenden Werte für die geographische Breite (N) und die geographische Länge (E) in Ihr Navigationssystem ein, und schon geht's los. Trotzdem bitte unbedingt die Straßenverkehrsordnung beachten! (Angaben ohne Gewähr)

Viel Spaß beim Suchen und Entdecken!

Kapitel / Orte	*GPS – Daten*
Yes we can!	
Dresdner Fernsehturm	51° 2' 24" N 13° 50' 23" E
Waldschlösschen	51° 4' 3" N 13° 46' 45" E
Brühlsche Terrasse	51° 3' 12" N 13° 44' 28" E
Dresdner Residenzschloss	51° 3' 9" N 13° 44' 9" E
Einen Riecher für das Schöne	
Der goldene Reiter	51° 3' 29" N 13° 44' 29" E
Fürstenzug	51° 3' 10" N 13° 44' 21" E
Burg Stolpen	51° 2' 53" N 14° 5' 2" E
Coselpalais	51° 3' 8" N 13° 44' 32" E
Praktische Erfindungen	
Pfunds Molkerei	51° 3' 50" N 13° 45' 36" E
Lingner Schloss	51° 3' 50" N 13° 47' 51" E

Hygienemuseum	51° 2' 39" N 13° 44' 50" E

Alles nur ein „-witz"

Dresden Blasewitz	51° 3' 7" N 13° 48' 27" E
Blaues Wunder	51° 3' 12" N 13° 48' 36" E
Dresden Loschwitz	51° 3' 14" N 13° 48' 54" E
Dresdner Schwebebahn	51° 3' 12" N 13° 48' 59" E
Dresdner Standseilbahn	51° 3' 15" N 13° 48' 55" E
Luisenhof	51° 3' 30" N 13° 49' 7" E

Die Dicke und die Dünne

Hofkirche	51° 3' 13" N 13° 44' 17" E
Frauenkirche	51° 3' 7" N 13° 44' 28" E

Bunte Republik

Dresdner Neustadt	51° 4' 0" N 13° 45' 8" E

Alaunpark	51° 4' 14" N 13° 45' 23" E
Nordbad	51° 3' 56" N 13° 45' 16" E

Dresden ahoi

Schiffsanlegestelle Terassenufer	51° 3' 13" N 13° 44' 36" E
Albertbrücke	51° 3' 26" N 13° 45' 16" E
Carolabrücke	51° 3' 16" N 13° 44' 50" E
Augustusbrücke	51° 3' 19" N 13° 44' 23" E
Marienbrücke	51° 3' 39" N 13° 43' 55" E

Ode an die Gustel

Schillerhäuschen	51° 3' 28" N 13° 48' 47" E
Schillergarten	51° 3' 8" N 13° 48' 32" E
Richard-Wagner-Museum	50° 59' 59" N 13° 55' 13" E
Carl-Maria-von Weber-Museum	51° 0' 60" N 13° 51' 52" E

Felsenbühne Rathen	50° 57' 41" N 14° 4' 52" E
Wieckkaus	51° 3' 13" N 13° 48' 49" E
Erich-Kästner-Museum	51° 3' 49" N 13° 44' 45" E
Palucca-Schule	51° 1' 44" N 13° 46' 15" E
Ostragehege	51° 4' 11" N 13° 42' 59" E

Ein Hauch von Orient

Yenidze	51° 3' 33" N 13° 43' 37" E
Kugelhaus	51° 2' 28" N 13° 43' 57" E
Rundkino	51° 2' 42" N 13° 44' 13" E
UFA-Palast	51° 2' 38" N 13° 44' 14" E
Neue Synagoge	51° 3' 7" N 13° 44' 47" E
Festspielhaus Hellerau	51° 6' 48" N 13° 45' 11" E

Darf ich bitten?

Semperoper	51° 3' 15" N 13° 44' 8" E
Elbhangfest	51° 3' 13" N 13° 48' 51" E
Filmnächte am Elbufer	51° 3' 21" N 13° 44' 40" E
Karl-May-Festtage	51° 6' 49" N 13° 39' 23" E

Tal der Ahnungslosen

Kulturpalast	51° 3' 3" N 13° 44' 18" E
Ehemaliges Gelände der Stasi	51° 4' 0" N 13° 47' 2" E
DDR Museum Pirna	50° 56' 43" N 13° 56' 37" E
DDR Museum Zeitreise Radebeul	51° 6' 12" N 13° 40' 11" E

Speckgürtel

Schloss Moritzburg	51° 10' 3" N 13° 40' 50" E
Leuchtturm Moritzburg	51° 10' 6" N 13° 42' 35" E

Fasanenschlösschen Moritzburg	51° 10' 6" N 13° 42' 22" E
Karl-May-Museum Radebeul	51° 6' 10" N 13° 40' 23" E
Altkötzschenbroda	51° 6' 17" N 13° 37' 51" E
Burg und Dom Meißen	51° 9' 59" N 13° 28' 17" E
Porzellanmanufaktur Meißen	51° 9' 20" N 13° 27' 50" E
Schloss und Park Pillnitz	51° 0' 32" N 13° 52' 10" E
Kurort Rathen	50° 57' 30" N 14° 4' 52" E
Festung Königstein	50° 55' 12" N 14° 3' 23" E

Alles in Butter

Dresdner Striezelmarkt	51° 3' 0" N 13° 44' 18" E

Große und kleine Bretter

Semperoper	51° 3' 15" N 13° 44' 8" E
Staatsschauspiel "Großes Haus"	51° 3' 7" N 13° 43' 56" E

"Kleines Haus"	51° 3' 41" N 13° 45' 2" E
Staatsoperette Dresden	51° 0' 42" N 13° 49' 38" E
TJG – Theater Junge Generation	51° 3' 49" N 13° 40' 46" E
Zwingerkonzerte	51° 3' 13" N 13° 43' 59" E
Landesbühnen Sachsen	51° 6' 22" N 13° 39' 32" E

Sport frei

Weinberg Dinglingers	51° 3' 44" N 13° 48' 8" E

Ampelman(n)zipation

Ampel*frauchen*	51° 2' 49" N 13° 44' 13" E
Goldener Rathausmann	51° 2' 53" N 13° 44' 28" E
Dresdner Brückenmännchen	51° 3' 15" N 13° 44' 20" E
Hofnarr Fröhlich, Narrenhäusel	51° 3' 26" N 13° 44' 29" E
Gemäldegalerie "Alte Meister"	51° 3' 12" N 13° 44' 5" E

Ein toller Hecht!

Flughafen Dresden	51° 7' 35" N
	13° 46' 2" E
Dresdner Schwebebahn	51° 3' 12" N
	13° 48' 59" E
Verkehrsmuseum	51° 3' 7" N
	13° 44' 23" E

Gesundheit!

Universitätsklinikum „C.G. Carus"	51° 3' 17" N
	13° 46' 44" E
Bilz-Bad	51° 7' 23" N
	13° 38' 50" E
Deutsches Hygienemuseum	51° 2' 39" N
	13° 44' 50" E

Man sieht sich immer zweimal

Dresdner Hauptbahnhof	51° 2' 24" N
	13° 43' 55" E